Vårt dagliga bröd giv oss...

i morgon

Kommer maten att räcka till?

Lars-Arne Sjöberg

Utgivna böcker av samma författare:
1. Sverigedemokraterna – inifrån och utifrån.
2. ...och den ljusnande framtid är vår?!? - Vad vet vi och vad tror vi om framtiden.
3. Lever vi av räntan eller tär vi på kapitalet? Att hushålla med jordens resurser.
4. Nya Sverige och de nya svenskarna - Mångfaldens möjligheter och utmaningar.
5. Vårt dagliga bröd giv oss idag - Kommer maten att räcka till?
6. Fossil energi måste ut - Vad kommer i stället?
7. Nu blir vi digitaliserade – Vi blir 1:or och 0:or.

© 2020 Lars-Arne Sjöberg
Förlag: BoD – Books on Demand
Tryck: BoD – Book on Demand, Norderstedt, Tyskland
ISBN: 978-91-7851-540-0

Innehåll

Inledning

Bokens titel *"Vårt dagliga bröd giv oss – imorgon"* är en omskrivning av en rad i bönen Fader Vår och vill påminna oss om att det finns en morgondag, då det blir nya förutsättningar för vad och hur mycket vi får att äta.

Allt liv på jorden har sitt ursprung från solen. Solstrålarnas energi ger tillsammans med vatten och koldioxid i fotosyntesen upphov till biomassa. Denna produkt kan vi konsumera direkt eller låta den ta omvägen via ett lämpligt djur till animaliska produkter som vi äter.

Våra tillgångar på mat är olika i olika delar av Världen. Vi måste öka mängden mat eftersom det fortfarande finns de som svälter och det blir fler munnar att mätta eftersom befolkningen växer. Tillgänglig åkerareal ökar däremot inte. Vi har utmaningar framför oss. Om maten ska räcka till alla måste vi:

- Lära oss använda nya råvaror till nya maträtter
- Öka matproduktionens effektivitet.
- Minska matsvinnet

Med fler munnar att mätta globalt sett minskar möjligheterna att importen livsmededel från länder, som själva behöver sin mat. Sveriges självförsörjningsgrad är ungefär 50 procent - jämför med 80 procent i till exempel Finland. Vi är redan idag mycket beroende av livsmedelsimport.

9,7 miljarder i världen 2050

I en prognos så ny som från mitten av juni 2019 pekar FN på en

7

befolkning på 9,7 miljarder år 2050. I Afrika söder om Sahara beräknas befolkningen fördubblas under den här perioden[1].

Befolkningen kan växa till 11 miljarder år 2100, enligt samma rapport från FN:s avdelning för ekonomiska och sociala frågor.

Det är i länderna Indien, Nigeria, Pakistan, Kongo-Kinshasa, Etiopien, Tanzania, Indonesien, Egypten och USA som år 2050 kommer att stå för över hälften av världens befolkningstillväxt. Samtidigt kommer Kina se sin befolkning sjunka med 2,2 procent eller cirka 31,4 miljoner mellan 2019 och 2050 – antagligen som en följd av enbarnspolitiken.

Några förändringar som påverkar befolkningssiffrorna:

- Sedan 2010 har befolkningen minskat med minst en procent i 27 länder på grund av låga födslotal. De totala globala födslotalen, som sjönk från 3,2 barn per kvinna 1990 till 2,5 år 2019, förväntas falla ytterligare - till 2,2 år 2050. För att säkerställa framtida generationer och förhindra befolkningsminskning krävs ett genomsnitt på 2,1 barn per kvinna.
- Den globala genomsnittliga livslängden blir 77,1 år 2050 mot 72,6 år i dag. År 1990 var den genomsnittliga livslängden 64,2 år.

Prognos från FN

Urbaniseringen fortsätter och FN räknar med att det kommer att finnas 41 superstäder med över tio miljoner invånare år 2030. Runt år 2050 beräknas två tredjedelar av alla människor på jorden att bo i städer[2].

Inflyttningen till städerna medför krav på landsbygden. En krympande andel av befolkningen ska genom sina odlingar försörja en växande stadsbefolkning.

Konsumtionsutvecklingen från 1960

Vi har ändrat vår konsumtion sedan 1960:

- Ris och pasta har ökat kraftigt medan konsumtionen av potatis har minskat.
- Färska grönsaker har mer än tredubblats sedan 1960.
- Köttkonumtionen har ökat, speciellt fjäderfäkött, där konsumtionen var mer än tio gånger större år 2014 jämfört med år 1960.
- Mjölkförbrukningen har minskat dramatiskt, samtidigt har yoghurt och fil ökat.
- Konsumtionen av ost har mer än fördubblats.
- Korvkioskerna har blivit minikök och kan erbjuda hela måltider.
- Vi äter mer snabbmat, som intas utan bestick.

Det är självklart för de flesta av oss att vi ska kunna äta oss mätta. Det är till och med så att vi lockas att äta så mycket att vi dras med övervikt.

Fetma är ett väldigt vanligt problem som hela tiden ökar i världen. Idag dör fler människor på grund av fetma än av svält och undernäring enligt World Health Organisation (WHO). Varför har det blivit så? Har våra stillasittande arbeten ersatt tidigare fysiskt krävande arbetsuppgifter?[3]

Snabbmaten och allt socker vi petar i oss har också en stor inverkan på den dramatiskt snabba viktuppgång som skett under de senaste åren.

Forskare i USA har jämfört vilka effekter tidigare värmeböljor haft på matförsörjningen. De har kombinerat uppgifter från tidigare temperaturhöjningarna på jorden och prolongerat temperatureffekterna fram till år 2100. En slutsats är mer än hälften av jordens befolkning kan stå inför svår matbrist år 2100 på grund av klimateffekter.

Samtidigt som klimatet riskerar att minska skördarna så växer befolkningen med ytterligare några miljarder, vilket ökar problemen. Matbristen kan vara akut vid nästa sekelskiftet[4].

Om maten ska räcka till jordens växande befolkning, måste vi använda andra råvaror. Redan idag äter man i många länder maträtter baserade på Insekter, mjölmaskar, gräshoppor, syrsor, tusenfotingar, gräshoppor, dyngbaggar, fjärilslarver, termiter, bärfisar, fluglarver, myror, termiter m.m. Redan idag sväljer vi (av misstag) runt 14 stycken insekter under ett år. Det blir 1190 stycken insekter under ett 85-årigt liv. Det är alltså ungefär som att äta en mindre myrstack!

Vi har en hög äckelfaktor att övervinna och det dröjer nog innan insekter blir vanligt på våra matbord.

Men vi kan alla göra något åt att vi i Sverige varje år slänger i genomsnitt cirka 19 kilo fullt ätbar mat per person.

10

Vi har mat för tio dagar

Om vi drabbas av en kris, hur länge klarar vi oss då? Efter unge-fär tio dagar börjar hyllorna gapar tomma då vi inte har några beredskapslager eller ett jordbruk som innebär att vi är själv-försörjande på mat. Det finns skäl att öka vår självförsörjnings-grad[5].

Självförsörjningsgrad i Sverige för olika livsmedel[6,7]

	1988	2019
Tomat	25 %	15 %
Äpple	20 %	20 %
Lamm	85 %	30 %
Sallat	30 %	40 %
Gurka	55 %	45 %
Nöt	90 %	55 %
Potatis	110 %	70 %
Lök	55 %	70 %
Gris	110 %	70 %
Fågel	100 %	70 %
Mjölk	110 %	95 %
Ägg	105 %	95 %
Socker	110 %	100 %
Morötter	85%	110 %
Spannmål	110 %	120 %

En siffra över 100 anger att det finns stor möjlighet till export och en låg siffra att beroendet av import är stort för den varan för att det ska räcka till alla.

Utländsk mat är billigare och de svenska bönderna har det tuf-fare här uppe i norr, och våra regler om bland annat djurskydd fördyrar matproduktionen[8].

Trots att vi svenskar ofta säger att vi föredrar svenska matvaror på grund av klimatproblem, djuromsorg och antibiotikaanvändning så märks det inte på sättet vi konsumerar.

När säden torkade bort på de svenska åkrarna 2018 började vapenskramlet ljuda högre i närområdet och när Donald Trump hotade strypa världshandeln, började nog en och annan fundera över hur klokt det är med stor import och liten egen produktion egentligen är.

Men det tar tid att ställa om. Att lägga ned ett lantbruk är lätt, men att sätta igång är svårare. Det finns de som säger att det tar tio år att få igång en långsiktig verksamhet.

Dessutom, det är inte säkert att det skulle räcka med mer inhemsk produktion. Maten måste distribueras och detta kräver både drivmedel, el och datakraft. Det är många pusselbitar som måste vara på plats.

Framtidsscenarier

ICA har i en studie presenterar fem olika scenarier för framtiden. Nedanstående scenarios är hämtade ur denna rapport. Samtliga tar sikte på 2040[9].

Scenario 1

Det finns gott om insektshotellen och fåglar. Ett behov av en av ökad självförsörjning har gett oss ny stadsbild. Det grönskar överallt, runt och på våra bostadshus.

För att minska trycket på jordbruksmarken, som uppstått när befolkningsmängden i Sverige ökat, har smarta satsningar banat väg för odling mitt i städerna. Landets städer står för 20 procent av den inhemska matproduktionen. Ett höghusväxthus kan försörja 24 000 personer per dag med grönsaker. Invånarna vill odla hemma, om det så är på balkongen, på taket eller i kökets minilaboratorium.

Stockholm stad har helt avvecklat fossila drivmedel. Alla nya bilar drivs på el, sensorer styr trafikmönster och kortar ned pendlingstiden. Cykelinfrastrukturen har byggts ut och förarlösa bilpooler har blivit populära.

Scenario 2

Hälsan är 2040 års självklara fokus. Kosten är anpassad efter varje individs behov. Med stöd av vetenskapliga algoritmer mäts blodvärden med ett hemmakit som ger svar på biologiska indikatorer, genotyping och dietdiagnostik.

Överkonsumtionen av mat har hejdats och en minskad sjukdomstid ersätts med mer fritid. Vi arbetar och studerar efter individuella scheman och följer därmed personens schema i högre grad. Varje människa har järnkoll på hur de själva presterar bäst i vardagen. De mest inbitna har ett chip inopererat i kroppen, medan andra har nöjt sig med en bioring som automatiskt mäter hälsostatus i realtid.

Scenario 3

En framgångsrik klimatpolitik minskat uppvärmningen av jorden. Världen är på väg att klara Parisavtalets 2-gradersmål från

2016, och närmar sig ett fossilfritt samhälle. Sverige är en ledande nation i den hållbara utvecklingen och Stockholm har nått målet om att vara en fossilfri stad.

En hållbar matproduktion har vuxit fram, och växtrikets 400 000 arter har bäddat för nya matinnovationer. Köttkonsumtionen har minskat.

Jordbruket har blivit mer varierat och hållbart. Importen fortsätter att minska och i stället införs andra kulturers grödor, exv. quinoa från Latinamerika och grässorten teff från Etiopien, som har visat sig passa bra att odla även på nordligare breddgrader. Det ger ett klimat- och miljövänligt jordbruk.

Scenario 4

Vi lyckades inte stoppa den globala uppvärmningen och klimatkatastrofen drabbar Sverige hårt. Inte bara i form av värmeböljor, översvämningar och jordskred som får konsekvenser på ekosystem och vår hälsa. Det kommer klimatflyktingar i skaror vi aldrig hade kunnat föreställa oss.

Temperaturen är nu, år 2040, 4-6 grader varmare än under förindustriell tid. Landisar smälter och havsnivåerna har stigit med flera decimeter. I Sverige har temperaturhöjningen lett till att nederbörden ökat med 30 procent. I hela landet råder stor osäkerhet eftersom det opålitliga vädret påverkar tillgången till mat.

Trycket på livsmedelsindustrin medför matransonering i Sverige och regeringen har infört stränga förbud mot matsvinn. I

Fattigsverige har spannmål blivit viktigt och bakning har blivit vanlig i hushållen. Jakten på delikatesser direkt från naturen är också viktigt. Avsaknaden av varor från utlandet har skapat en subkultur i Sverige för människor som samlar in, förädlar och säljer smaksättande råvaror från skogens vilda skafferi. De kallas prepsters, en förlängning av 2010-talets krisförberedande preppers, och handlar nu med delikatesser som kapriserade gräslöksnoppar, granskottsolja och björksavssirap.

Scenario 5

Rymden har 2040 blivit vårt andra hem och turismen dit har ökat lavinartat. Vi reser både korta och långa rymdresor och samtidigt har en ny matkultur växt fram. Det handlar att erbjuda den mest smakrika matupplevelsen för rymdresenärer samt en tillvaro som bidrar till välmående.

Sinnesorganen sväller i rymden på grund av tyngdlösheten och känns ungefär som en förkylning. Därför blir starka smaker viktig i rymden, exv. chili och choklad smakar extra bra. Den femte grundsmaken, umami, får stor betydelse och utforskas på olika sätt i rymdmenyn.

Vi forskar kring att optimera odling på Mars och på jorden. På den röda planeten gror rödkål, sötpotatis och grönsallad. De planteras i stora slutna hydroponiska system som styr temperatur, koldioxid och elektriskt ljus för att få ut största möjliga näringsinnehåll och smak från grödorna.

Vi har fått en forskningsacceleration som också har gynnat jordbrukets utveckling på jorden. Den så kallade rymdterroiren är extra eftertraktad och höjden av lyx på jorden. I matbutikerna firas varje år säsongspremiären av rymdpotatis.

Ny metod för att producera näring utan jordbruk

Finska forskare har utvecklat en ny metod för att producera näring utan jordbruk. Det behövs endast solenergi, väte och koldioxid. Man har använt encelliga organismer som man odlar med hjälp av väte, ljus från solen och koldioxid från luften. Dessa encelliga organismerna kan sedan användas till att tillverka mat åt människor och foder till djur[10].

I dag tar det två veckor att producera ett enda gram, men om tio år kan processen skalas upp till den grad att det ska gå att börja sälja produkten, tror forskarna. Produktionsanläggningarna har samma storlek som kaffekoppar, men målet är att de ska vara stora som containrar inom loppet av två-tre år.

Man hoppas att den nya metoden att producera näring ska kunna användas för att bekämpa hungersnöd i utsatta områden. Produktionen är varken beroende av åkermark eller jordmånens kvalitet.

- *I encelliga organismer är det vanligt att hälften består av enbart protein och 20 procent av kolhydrater*, säger Juha-Pekka Pitkänen, forskare vid VTT till Yle.

Slutprodukten kommer att vara *"mycket lik"* quorn, som är ett encelligt protein som framställs med råvaran socker.

Mattrender 2019

Även bland våra maträtter finns det trender. Vilka är smaker, ingredienser, afrodisiakum, tillbehör, leveransmetoder och tilllagningssätt som definierar trenderna 2019? Det som viktigt är även HUR du äter. *"Mindful eating"*, det vill säga att äta långsamt och koncentrerat, att tugga ordentligt förhöjer såväl njutningen som hälsoaspekterna med maten[11].

Nu är det estetisk mat som gäller. Sociologer menar att beteendet att publicera bilder på sina måltider på sociala medier har gjort att mat, i högre utsträckning än tidigare, är något vi förknippar med vilka vi är.

Matens klimatpåverkan

Från hage till mage
Mejerivaror och nötkött är viktiga komponenter i vår mat. Det finns en uppfattning om att framför allt nötkött har en stor inverkan på klimatet genomen stor växthusgasbildning[12].

Om man gör en livscykelanalys kan man se vilken påverkan produktionen har och var i produktionskedjan påverkan är som störst.

Sex slutsatser utifrån flera livscykelanalyser av svensk mjölkproduktion
- Den största miljöpåverkan sker på gården.
- Försurning och övergödning av naturen orsakas till viss del av jordbruket, genom förluster av kväve och fosfor

från både växtodling och djurhållning.

- Mjölkproduktion ger upphov till växthusgaser (koldioxid, lustgas och metan). Gaserna kommer framförallt från foderodling, förbränning av fossila bränslen och kornas fodersmältning.

- Transporterna av mjölk och hanteringen i mejeriet ger jämförelsevis små utsläpp av växthusgaser, särskilt när man använder förnybara drivmedel och förnybar energi.

- Miljöpåverkan är inte alltid negativ. Mjölkproduktion och kor är en förutsättning för ett öppet och varierat landskap och betande djur bidrar till en rik biologisk mångfald och många ekosystemtjänster.

- Du som konsument är viktig. Om du exempelvis cyklar för att handla istället för att ta bilen, om du undviker att slänga mjölkprodukter och om du återvinner dina förpackningar, betyder det mycket för mjölkens totala miljö- och klimatpåverkan.

Matens miljö- och klimatpåverkan måste sättas i relation till vad man får i form av näring. Vi måste ju äta och då gäller det att göra val som också är bra för hälsan. Mjölk och andra mejeriprodukter har en påverkan på miljön och klimatet, men de innehåller också många värdefulla näringsämnen som vi alla behöver varje dag.

I en studie visades att mjölk är den måltidsdryck som ger mest näring i förhållande till sin klimatpåverkan.

Några av gaserna i växthusgaserna har en större påverkan på

klimatet än koldioxid. Vi beräkningar av effekterna av gaserna räknar man om till koldioxid. Av nedanstående tabell framgår att lustgas har en mycket stark effekt.

Relativ uppvärmningseffekt under 100 år[13]

- Koldioxid (CO_2)   1
- Metan (CH_4)   23
- Lustgas (N_2O)   296

Anm: Ett gram N_2O har samma växthuseffekt som 296 gram CO_2.

Man ser att jordbrukets utsläpp kommer från både fossil och förnyelsebara råvaror.

Utsläpp av växthusgaser från jordbruk 1990–2017, tusen ton koldioxidekvivalenter

	1990	2000	2010	2015	2017
Lagring av gödsel	614	589	590	595	595
Djurs matsmält-ning	3 278	3 299	3 065	3 002	3 021
Jordbruksmark	3 766	3 886	3 167	3 263	3 570
Totalt	7 658	7 774	6 771	6 860	7 186

I litteraturen redovisas tabeller med växthusgasproduktionen vid förbränning av olika biomassor. Detta kan ge en felaktig bild eftersom koldioxidmängdens bidrag till växthuseffekten är beroende på vilken typ av råvara som använts – fossilt eller förnyelsebart ämne.

Det är de idisslande djuren som släpper ut växthusgasen metan genom sin förmåga att äta gräs[14].

- En ko släpper ut 100 kilo metan varje år. Det motsvarar mängden koldioxid som en bil som kör 1 000 mil spyr ut under ett år.
- Varje kilo vanligt nötkött som vi köper orsakar 14 kilo växthusgasutsläpp.

En ko rapar metan ungefär en gång var 90:e sekund, eller fyra gånger på fem minuter, och det tämligen regelbundet under hela dagen[15].

Förnyelsebar energi

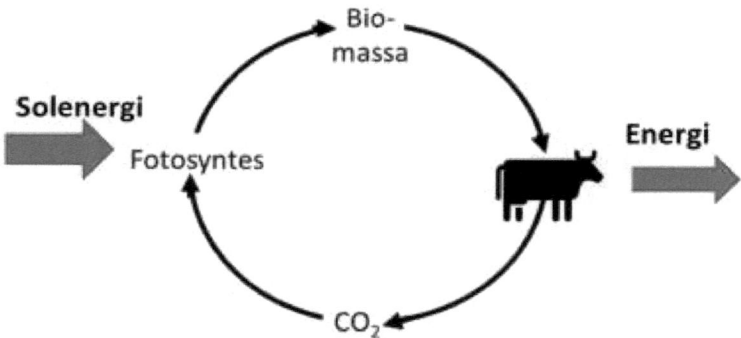

Vid förnyelsebar energi utgör den vid fotosyntesen bildade biomassan bl.a mat för oss och foder för våra kreatur. De växthusgaser, som bildas när vi förbränner vår föda förbrukas vid fotosyntesen efter en kort tid och bildar ny biomassa. Därför blir tillskottet av växthusgasen koldioxid till atmosfären försumbar. Bildad metan blir kvar i atmosfären.

Vi bör notera att den mat vi äter kommer från växtriket – direkt genom grönsaker, potatis, mjöl osv. eller indirekt genom att biomassan utgör födan för de kött- och mjölkproducerande djuren vars kött vi äter och mjölk vi dricker.

Det tillskott av växthusgaser som uppkommer när bonden med fossil energi brukar sin jord (plöjer, harvar, sår, skördar osv.) är exempel på utsläpp av "bestående" växthusgaser så länge bonden använder fossil diesel.

Fossil energi

Vi har även fossil energi, där biomassan bildades vid fotosyntesen för flera hundra miljoner år sedan. Dessa biomassor känner vi som bensin, fotogen, diesel, kol, metaller, mineraler m.m.

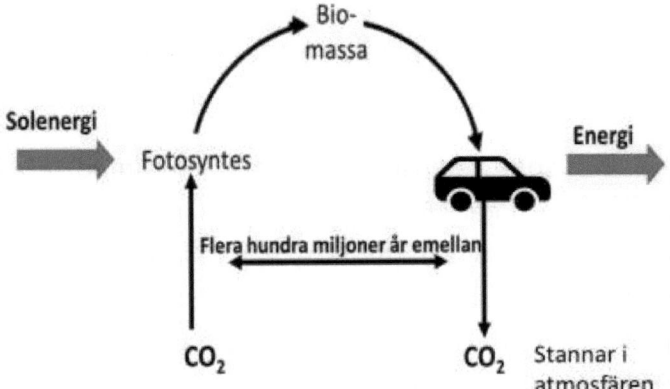

Denna typ av energi har framtill nu varit den dominerade energiformen för våra bilar, bussar, flyg, arbetsmaskiner och dessutom som råvara för våra plaster.

Slutsatsen

Slutsatsen är att växthusgasbildningen endast kan jämföras

mellan förbränningen av likartade energiråvaror.

Konsumtionsbaserade klimatutsläpp

De utsläpp av växthusgaser som kan knytas till vår konsumtion kallas för konsumtionsbaserade klimatutsläpp. Då räknas den totala klimatpåverkan ut som konsumtionen bidragit till både i Sverige och i andra länder. Den största delen utsläpp av växthusgaser som orsakas av svensk konsumtion sker idag utomlands[16].

Utsläpp av växthusgaser i Sverige

Utsläppen av växthusgaser i Sverige har enl. SCB minskat med 25 procent sedan 1990. Minskningen beror till största delen på att värmesystem med oljeeldning har bytts ut till värmesystem med lägre klimatpåverkan som t.ex. fjärrvärme och värmepumpar.

Många produkter som vi konsumerar i Sverige är importerade från andra länder och ger klimatutsläpp i de länder där de tillverkas eller odlas och finns därför inte med när Sverige redovisar sina klimatutsläpp. Utsläpp från produkter som konsumeras i Sverige men som produceras i andra länder har ökat med nästan 50 procent under de senaste 20 åren[17].

Konsumtionsbaserade utsläpp – de dolda utsläppen

Det ser bättre ut på pappret för klimatet att äta en köttbit från Brasilien än att äta bönor från Öland. Statistiken tar inte hänsyn till de utsläpp vår import och våra utrikesresor orsakar i andra länder[18].

Faktum är att de utsläpp av växthusgaser som vår konsumtion orsakar inte har minskat alls.

De nationella utsläppen av växthusgaser har minskat med omkring 25 procent sedan 1990. Samtidigt är däremot de utsläpp som Sveriges import och utrikesresor orsakar i andra länder ganska oförändrade.

Osynliga utsläpp

De konsumtionsbaserade utsläpp som Sverige orsakar utgör omkring 100 miljoner ton växthusgaser, mätt i koldioxidekvivalenter, per år. Två tredjedelar av dessa utsläpp sker i andra länder. Det här kan jämföras med de svenska nationella utsläppen, som ligger på omkring 54 miljoner ton om året. I den siffran ingår även utsläpp som orsakas av svensk export.

- Tillverkning utomlands, internationella transporter och utrikes resor – 67 miljoner ton växthusgaser. Räknas inte.
- Tillverkning i Sverige transporter och export – 54 miljoner ton växthusgaser. Räknas.

Att dagens klimatmål bara behandlar de utsläpp som sker inom Sveriges gränser medför flera svårigheter.

Några av de största problemen är:

- En skev bild av verkligheten: Att bara räkna med de utsläpp som sker inom Sveriges gränser leder till skruvade siffror.
- Utsläpp ingen låtsas om: Just nu räknas inte utsläppen från internationell flyg- och sjöfart in i något lands

klimatstatistik. Räknar man samman alla länders flyg-
och sjöfartsutsläpp blir det 45 gånger mer än Sveriges
nationella utsläpp.

- Bryter mot politiska mål: Hela riksdagen står bakom att
  vi inte ska lämna över miljöproblem till nästa generation
  eller till andra länder.
- Dimridåer: Att inte räkna med de konsumtionsbaserade
  utsläppen försvårar möjligheterna att sätta in rimliga
  politiska åtgärder.

Klimatpåverkan varierar mycket mellan olika livsmedel. Vissa
livsmedel har generellt lägre klimatpåverkan än andra:

- Baljväxter, såsom bönor, ärtor och linser, är en klimat-
  smart proteinkälla.
- Potatis har en minimal klimatpåverkan.
- Ris har en betydligt större påverkan på klimatet, ef-
  tersom ris som odlas på vattendränkta marker som släp-
  per ut relativt mycket växthusgaser[19].

Vegetarisk kost och/eller kött?

Den mest klimatsmarta kosten är vegetarisk. Därför kan det få
stor effekt om man minskar på köttportionerna eller byter ut
kött mot vegetariska alternativ.

Köttets klimatpåverkan varierar kraftigt beroende på vilket
djurslag köttet kommer från. Exempelvis orsakar nötkött mer
utsläpp än fågelkött.

Kor, får och getter är idisslare. I denna process bildas metan, en
kraftig växthusgas som påverkar klimatet. När djuren andas

eller rapar släpps en del av gasen ut. Mängden foder och vilken typ av foder djuren ätit påverkar hur stora metanutsläppen blir.

Kött och miljö

Vi äter ungefär 50-55 kg kött per person och år i Sverige enligt Livsmedelsverkets senaste matvaneundersökning[20].

Ur hälsosynpunkt finns det inga skäl att äta så mycket kött som vi gör idag. Det är bra att dra ner på kött och charkprodukter, eftersom det kan minska risken för tjock- och ändtarmscancer.

När vi väljer vad vi ska äta så kan miljöaspekter spela in. Betande djur håller marker öppna, vilka annars skulle växa igen. Detta är bra för den biologiska mångfalden, särskilt om djuren har betat i naturbetesmarker.

Påverkan på klimatet

Djuren lever på olika grödor, som direkt "förbrukar" den koldioxid som djuren orsakar.

Produktionen av grödor, såsom soja, för att utfodra djuren i köttindustrin skapar en belastning på jordens naturresurser.

Våmmen är en av kons fyra magar. Där bryts kolhydrater ner till fettsyror. Det bildas också koldioxid och metan, två växthusgaser som kon släpper ut vid nosen. Fodrets sammansättning har betydelse för hur mycket metan, som bildas – ju mer grovfoder desto mera metan.

Proteinrik soja produceras i dag i stora mängder och den genomsnittliga europén konsumerar runt 61 kilo per år - det mesta via djurprodukter som kyckling, fläsk, lax, ost, mjölk och ägg.

Den globala efterfrågan på animaliska livsmedel beräknas kräva en ökad sojaproduktionen med nästan 80 procent år 2050[21].

Med över 23 miljarder kycklingar, höns och kalkoner – motsvarar mer än tre per person - är fjäderfän den största konsumenten av växtbaserat foder globalt. Därefter kommer mängden grisarna i köttindustrin.

Faktum är att världen konsumerar mer animaliskt protein än den behöver och det är förödande för djurlivet. Vi vet att många människor är medvetna om att en köttbaserad kost påverkar både hav och land, och orsakar utsläpp av växthusgaser, men få vet att det största problemet kommer från det växtbaserade foder som djuren äter.

Om människor håller sig inom de rekommenderade konsumtionsnivåerna i stället för att överkonsumera så skulle regnskog i storlek med 1,5 gånger EU:s yta räddas från sojaproduktionen.

Mindre animaliskt protein skulle också göra det möjligt att odla på ett mer hållbart sätt, med mindre inverkan på miljön vilket skulle ge hälsosammare och mer näringsrik mat.

För ironiskt nog har den ökande användningen av foder lett till en minskning av näringsinnehåll i de animaliska produkterna. Man måste i dag äta sex intensivt uppfödda kycklingar för att få i sig samma mängd omega-3 som man kunde få av bara en kyckling på 1970-talet.

Vilka delar i vår konsumtion påverkar klimatet mest?

Den privata konsumtionen som påverkar klimatet mest är livsmedel, transporter, boende samt kläder och skor och utgör cirka 2/3 av Sveriges konsumtionsbaserade utsläpp. Resten av utsläppen kommer från offentlig konsumtion samt offentliga och privata investeringar.

Genom Parisavtalet har världens alla länder kommit överens om att jordens temperaturökning ska hållas väl under två grader, helst högst 1,5 grader. Vi i Sverige behöver minska de konsumtionsbaserade klimatutsläppen från 11 ton per person och år till 2 ton senast 2030 och då behöver de utsläpp som vår konsumtion orsakar i andra länder också minska.

Vad kan göras för att minska de konsumtionsbaserade klimatutsläppen?

En cirkulär ekonomi, förutom att spara på jordens resurser, bidrar till ett lägre klimatutsläpp än de mål som EU och FN har satt.

Dessutom behöver det löna sig ekonomiskt både för privatpersoner och för företag att minska sina utsläpp.

Klimatet på vår jord påverkas av maten på vårt bord. Alla som hanterar livsmedel vill veta hur de kan minska sin klimatpåverkan. Odling och förädling påverkar klimatet, det gör även transporter, förpackningar och avfall. Med faktabaserad kunskap om livsmedels klimatpåverkan blir det enklare att sätta in åtgärder där det ger störst effekt[22].

Är vegetariskt det mest klimatsmarta valet?

Allra lägst utsläpp har matkassen innehållande säsongsanpassad vegetarisk mat. Den klimatsmarta konsumenten ska koncentrera sig på vad som äts istället för att ha fokus på närproducerat. I en undersökning framgår att en matkasse med lokalt odlade varor bidrar endast med obetydligt lägre klimatutsläpp än en genomsnittlig svensk matkasse. Dvs. närproducerat är inte så viktigt[23].

Klimatpåverkan har analyserat närodlad och fjärrodlad mat med en livscykelanalys.

- *Debatten om klimatsmart mat har varit felfokuserad, vilket lett till att många konsumenter idag tror att närodlat alltid är det klimatsmartaste valet. Men vår undersökning visar att transportavståndet egentligen kan ha ganska liten betydelse*, säger Stefan Åström, forskare på IVL, Svenska Miljöinstitutet.

Allra lägst utsläpp har matkassen innehållande säsongsanpassad vegetarisk mat. Genom att äta säsongsanpassad vegetarisk mat kan utsläppsmängden av växthusgaser halveras. Ett försiktigt överslag visar att om alla svenskar skulle göra ett sådant kostval skulle växthusgasutsläppen minska med cirka 3.6 miljoner ton koldioxid.

Om vi fixar maten så fixar vi också planeten

Att matfrågan är viktig i ett helhetsperspektiv för klimathotet framgår av detta uttalande från professor Johan Rockström[24].

- *All den forskning som jag har lett vid Stockholm Resilience Centre visar att maten är den största enskilda orsaken till globala miljöproblem. Det innebär att om vi fixar maten så fixar vi också planeten. Mat är den enskilt största utsläppskällan av växthusgas, den enskilt största konsumenten av färskvatten och den enskilt största orsaken till övergödning, vilket vi känner av väldigt starkt här i Sverige med världens sjukaste innanhav, Östersjön. Jordbruksutvecklingen är också den enskilt största orsaken till förlust av biologisk mångfald,* säger Johan Rockström.

Några Chalmersforskare framför liknande åsikter:

- *Bli vegan och rädda klimatet. Om vi alla blev veganer, skulle växthusgasutsläppen från mat minska stort*[25].

Utsläppen av växthusgaser beror på vad vi producerar som i sin tur beror på vad vi konsumerar. Utsläppen kommer från djurhållningen och växtodlingen. Av de sistnämnda kommer utsläppen från biologiska processer[26].

Utsläppsminskningar kan vi uppnå genom…

… att vi minskar vår konsumtion av produkter och tjänster som orsakar utsläpp av växthusgaser.

… att produktionen av det vi konsumerar effektiviseras och därmed ger upphov till mindre utsläpp.

Utsläpp av växthusgaser från livsmedelskonsumtion

Vår livsmedelskonsumtion medför växthusgasutsläpp på drygt två ton koldioxidekvivalenter per svensk och år.

1. Totalt uppgår vår CO_2-bildning till runt tio ton per person och år och varav cirka åtta ton utgör privat konsum-

tion.

2. Dagens kost domineras av animaliska livsmedel som kött och mejeriprodukter. I västvärlden äter vi mycket av dessa livsmedel.

3. Med ökande inkomster stiger köttkonsumtionen.

4. Sötsaker, drycker och tobak bidrar också mycket till dagens livsmedelskonsumtions klimatpåverkan.

5. Från jord till bord uppstår svinn och mycket mat kastas.

6. Detta matsvinn gör att utsläppen av växthusgaser från vår livsmedelskonsumtion är högre än vad de annars skulle vara[27].

Sex anledningar att byta till eko

1 Rikare natur

Fler värdefulla växter, insekter och fågelarter i naturen mår bra av ekologisk odling. Med betande djur är mångfalden dubbelt så stor runt en ekologisk gård som runt en oekologisk.

2 Eko bygger inte på användning av kemiska bekämpningsmedel

Vad händer när ekobonden skippar kemiska bekämpningsmedel? En del tillför skalbaggar som äter upp skadedjuren. Andra använder falska parningsdofter som förvirrar inkräktarna. Ekobönderna använder tåligare växtsorter och odlar dem på olika platser från år till år, det gör att risken för angrepp minskar.

3 Friskare djur

Alla djur i ekologisk produktion går ute för att beta, picka eller böka. De har mer plats i stallarna och bättre möjligheter till ett naturligt liv.

4 Levande landsbygd

När svenska lantbrukare ställer om till ekologisk produktion ökar konkurrenskraften för svenska bönder, som kan möta en växande marknad, både i och utanför Sverige.

5 Schysst mot bonden

Tack vare att vi konsumenter betalar mer för ekologisk mat får ekobonden lite bättre betalt för det extraarbete det innebär att producera ekologiskt.

6 Klimatåtgärder

Ekoodlingen lagrar mer kol i marken och sparar fossilenergi genom att skippa konstgödsel. Konstgödsel tillverkas genom en enormt energikrävande process och förbrukar massvis av fossil energi. Ekoodling ökar mängden förmultnade växtdelar i jorden. Hur mycket kan utsläppen från livsmedelsproduktionen minska till år 2050?

Man beräknar att jordbrukets utsläpp till år 2050 kan minska med 30 procent. Regeringens mål är att Sverige inte ska ha några nettoutsläpp av växthusgaser år 2050[67].

Man beräknar att avkastningen i jordbruket kommer att öka till år 2050 och användningen av insatsvaror antas bli effektivare. Växthusgasutsläppen beräknas år 2050 bli nästan 15 procent lägre än idag med en bibehållen produktion.

Mängdmätningarna är gjorda för den form av maten som vi konsumerar. Det innebär att allt kaffe och te som vi får i våra koppar räknas, varav en stor del är vatten.

Vad slänger vi i avfallet?

	Andel, %
Kaffe och te	38 %
Mejeriprodukter	25 %
Drycker	11 %
Fast avfall (ris, pasta, flingor)	10 %
Sås och soppa	10 %
Sött	2 %
Övrigt flytande matavfall	4 %

Bäst-före-dag

Vi konsumenter stirrar oss blinda på bäst-före-datum på matens väg från jord till bord. Fullt tjänlig mat ska ätas - inte slängas. Bäst-före-dag är en rekommendation från tillverkaren. Det går ofta att äta livsmedlet flera dagar till om det har förvarats rätt. Undantaget är känsliga livsmedel som vakuumförpackad lax.

Teknisk utveckling

Olika växter kan användas som hållbara energikällor. Exv. kan snabbväxande pilarter, *"energigräs"*, oljeväxter och spannmål odlas. Men energikrävande konstgödsel kan inte användas för att en energivinst ska uppstå[28].

Baljväxterna, det vill säga ärtor, bönor, klöver, lusern och lupiner är exempel på växter som producerar sitt egna kväve.

- *Potentialen är stor för baljväxter, både för produktion av mat och biobränsle,* säger Georg Carlsson, forskarassistent vid Institutionen för biosystem och teknologi vid SLU, som ingår i EU:s nya baljväxtprojekt Legato.
- *Fördelen med att baljväxter fixerar sitt eget kväve ger*

oss stora miljö- och klimatvinster och är något man ab-
solut bör ta hänsyn till i ekonomiska kalkyler, säger han.

Baljväxternas förmåga beror på att de lever i symbios med ett slags jordbakterier, som håller till i växtens rotknölar och som kan fixera luftens kväve

- *Baljväxterna gödslar alltså sig själva. Vid en bra symbios mellan baljväxter och bakterierna, som man ofta får vid odling av till exempel ärtor, åkerböna och klöver, behöver man inte använda någon kvävegödsel alls,* säger Erik Steen Jensen, professor vid samma institution.

Han har lett en internationell forskargrupp som gjort en sammanställning av ett stort antal studier kring baljväxter. Forskarna kunde även konstatera andra positiva effekter, bland annat är avgången av den potenta växthusgasen lustgas (N_2O) i genomsnitt 60 procent lägre från odling av baljväxter än för kvävegödslade grödor.

Biogasproduktion i liten skala
Vall med baljväxter kan också användas för biogasproduktion i Sverige. Om odlingen ska få ökat genomslag behöver jordbrukarna veta att det finns avsättning så att de vågar investera. Det behövs flera biogasanläggningar och metoderna för hantering och förbehandling av biomassa behöver utvecklas så att det blir intressant för anläggningarna att köpa in vall.

Klimatsmarta baljväxter
Baljväxter är klimatsmarta med avseende på hur mycket energi som krävs för att odla dem och deras potential som råvara för

bioenergi.

En fossilfri matproduktion

Det finns två möjligheter till biologisk kvävefixering och använ-
dandet av förnyelsebara bränslen vid tillverkningen av konst-
gödsel. Hur ska våra åkrar gödslas i en fossilfri framtid? [29]

Ecoera har tagit fram en koldioxidnegativ process som binder
flyktig koldioxid till fast kol i form av biokol från restprodukter.

Utan kväve kan ingenting växa varför vi först ska se på kväve-
gödsling av de svenska åkrarna. I en del gödselmedel ingår även
fosfor och kalium som är två råvaror med begränsad tillgång
och en egen problematik.

Naturen har två sätt att frigöra luftens kväve så att det kan an-
vändas av växterna:

- Antingen genom åskblixtar (som står för en liten del av
  det reaktiva kvävet)
- Via biologisk kvävefixering.

Slukar fossil energi

Man kan binda luftens kväve med hjälp av syntetiskt framställd
vätgas under högt tryck, Haber-Bosch-metoden, som resulterar
i ammoniak som används för att tillverka konstgödsel och kom
att revolutionera jordbruket. Men konstgödseln både slukar
fossil energi och bidrar till negativ miljö- och klimatpåverkan.
Det finns därför ett gryende intresse för fossilfria alternativ.

Man bygger nu en demonstrationsanläggning för fossilfri am-
moniak i Australien. Där kommer man använda sig av elektrolys

som drivs av el från solpaneler.

Drivande faktor på energisidan

Ammoniak ses som ett intressant framtida bränsle för fartyg, men framförallt för att lagra energi från exempelvis vindkraft och solel. Men hur man gör så bli ammoniak betydligt dyrare.

Fossilfri ammoniak möjligt

Fossilfri ammoniak kan vara tekniskt och ekonomiskt möjligt 2050, men förutsätter ett antal styrmedel.

Konstgödsel kommer med stor sannolikhet bli dyrare framöver. Lantbruket kan då i större skala utnyttja naturens gamla teknik, den biologiska kvävefixeringen. Det innebär att vissa växter som baljväxter, klöver, lupin och lusern i symbios med markbakterier fixerar kväve från luften.

Det finns olika sätt att utnyttja det biologiskt fixerade kvävet. Man kan gröngödsla - att odla exempelvis baljväxter eller klöver under en hel säsong som sedan plöjs ner för att ge näring åt nya grödor nästa år. Dessutom undersöks hur rester från grödor (rötter, blast mm) kan minska lustgasavgång och binda kol i marken.

Att samodla exempelvis vall med kvävefixerande klöver och gräs, eller ärter och havre är ett alternativ. Gräs, dit även spannmål räknas, kan lättare använda kvävet i marken, medan klöver och ärter binder kvävet från luften.

Vi kommer förmodligen att se mycket mer baljväxter och andra kvävefixerande växter i växtföljderna framöver.

Fossilfritt kött

I ett projekt med stöd från Region Gotland och Tillväxtverket ska förutsättningarna för en fossilfri köttproduktion utvärderas.

Vid produktion av mineralgödsel används i nuläget naturgas. Man måste hitta ett ekonomiskt hållbart bioalternativ till naturgasen.

Man måste också se på jordbrukets *"infrastruktur"*:

- Gårdarnas fordon ska drivas med RME och HVO istället för diesel.
- Det gäller även transporter till och från gården och transporter från grossist till dagligvaruhandeln.
- Uppvärmningen av gården ska ske med förnybar energi.
- Fossilbaserade plast som mineralgödsel och foder förpackas i måste ersättas av fossilfri plast.
- Emballagematerialet som köttet förpackas i ska ersättas med biologiskt nedbrytbara material.

Våra matvanor

Här är svenskarnas nya matvanor – känner du igen dig?

- Vi äter och dricker mer eko
- Vi äter för lite frukt
- Vi äter oftare på restaurang
- Vi äter mindre kött – och mer vegetariskt
- Vi dricker finare viner
- Våra barn äter för mycket socker

Vad äter vi idag?

Livsmedelverket undersöker svenska invånares matvanor genom kostundersökningar. Nära 1 800 personer deltog i Livsmedelsverkets senaste kostundersökning – både kvinnor och män i åldrarna 18-80 år[30].

Enligt undersökningen äter vi svenskar i genomsnitt per dag:

- 305 g grönsaker, frukt och bär
- 40 g fisk
- 90 g mjukt bröd
- 2,5 dl mjölk, fil, yoghurt
- 100 g potatis
- 35 g pizza, paj, pirog
- 23 g rotfrukter
- 1,5 dl öl, vin, sprit
- 40 g gröt och välling
- 31 g bullar, kakor, tårta
- 90 g tillagat kött och
- 21 g korv

SUMMA c:a 780 gram

Nya sorter av ris kan bli framtidens föda

För över 50 procent av jordens befolkning är ris den viktigaste näringskällan och efterfrågan stiger. Jord och vatten har blivit bristvaror, och därför måste produktionen övergå till odling på torra åkrar i stället för traditionella bevattnade åkrar[31].

Forskare håller med hjälp av traditionell växtförädling på att utveckla sorter som ger ökat utbyte på torra åkrar. De försöker även förändra risets fotosyntes, så att det växer bättre med mindre vatten.

Som exempel kan nämnas att i Etiopien har nya sorter ris lämpade för kallare och torrare områden betytt att risproduktionen har ökat från 15 460 till 887 400 ton på bara fem år.

I Australien har man korsat modernt vete med en gammal sort, som tål salt bättre. Konstbevattning ökar nämligen halten av salt i jorden, och det påverkar växters förmåga att utföra fotosyntes. Den nya vetesorten har ökat Australiens skördar i salthaltig jord med 25 procent.

Kassava trivs i näringsfattig och torr jord. Det lönar sig bäst att odla i ett klimat med stigande temperaturer. En temperaturhöjning på 1°C kan öka skördarna av kassava i östra Afrika med 10 procent.

Kan gamla spannmålssorter bidra till ett mer hållbart jordbruk?

Vi äter endast en bråkdel av alla ätbara växter på jorden. Detta påverkar både biologisk mångfald och vår hälsa negativt och gör produktionen sårbar. I ett forskningsprojekt undersöks hur gamla spannmålssorter kan återinföras i svenskt lantbruk med flera positiva effekter som följd[32].

Att vara beroende av ett litet antal grödor gör oss sårbara mot klimatförändringar och andra hot mot odlingen.

Man försöker hitta spannmålssorter som tål torka bättre än våra vanliga sädesslag. Det har visat sig att gamla sorter verkar klara sig under sämre väderförhållanden och är mer motståndskraftiga mot ogräs än moderna sorter. Dessutom innehåller de ofta mer näring och smakar mer, och passar därför bra att använda till brödbakning. Däremot ger de inte lika stora skördar som moderna sorter.

Även konsumenter har en efterfrågan på mjöl, gryn och bröd från exempelvis emmervete eller spelt. Samtidigt är bröd en av de matvaror som minskar mest i butiker och i hemmen. Kan vi öka hållbarheten och minska svinnet i kedjan från ax till limpa?

Fleråriga grödor framtidens mat?
Sommaren 2018 slog torkan hårt mot produktionen och konkurrensen om foder ökade. Man frågade sig om perenna växter skulle kunna vara en del av lösningen?

En omställning av framtidens matproduktion kan vara att odla så kallade perenna grödor, vilket kortfattat innebär växter som återkommer år efter år, i stället för nyplantering varje år.

Fördelarna med perenna odlingssystem är flera, men en av de mest aktuella aspekterna är att perenna livsmedel är mindre känsliga för torka[33].

Men jordbruket skulle kunna göra planeten grönare i stället för att göra tvärtom och samtidigt minska behovet av bekämpningsmedel.

Perenn odling minskar behov av kemiska bekämpningsmedel, konstgödning, maskiner och diesel. Det kräver minimal markberedning och kan ta bättre hand om växtnäringen i marken då de har rotsystemet på plats året om.

Stora mängder fosfor, som lagrats i våra åkrar kan inte tas upp av ettåriga grödor medan forskning indikerar att perenna blandkulturer kan tillgodogöra sig fosfor mera effektivt. En annan fördel är att perenna jordbruksgrödor lagrar mer kol i marken jämfört med ettåriga grödor.

Vilka växter är då mest lämpliga för perenn odling? Man har sett goda resultat på lungrot som är en variant av en quinoa, även sibirisk ärtbuske, bärhäggmispel med flera har vuxit bra och är härdiga.

Så har fetman förändrats i världen

Forskningen Global Burden of Disease Study har granskat hur fetman och övervikten har förändrats i världen de senaste 33 åren[34].

År 1980 hade 29 procent övervikt eller fetma. Idag har 37 procent övervikt eller fetma. Det är i låg- och mellaninkomst länder och i urbaniserade områden som fetman eskalerar.

Fyra procent av alla barn och ungdomar i Sverige lider av fetma en förhållandevis låg siffra om man jämför med andra länder.

En forskare, Stefan Wirsenius, Chalmers har studerat hur mycket kött vi kan äta och ändå uppnå klimatmålet år 2050. Han anser att vi kan fortsätta att äta kött men byta ut vissa sorter[35].

Slutsatser:

- Välj mer kyckling. Max 75 gram kött per person och dag, dvs. ungefär hälften av dagens mängd av nöt, fläsk och fågel jämfört med idag.
- Att djur ska vara frigående.
- Kyckling är lika bra för klimatet som att åka med tåg.
- Fläskkött är ungefär lika bra eller dåligt som att åka med buss.

Det är inte troligt att vi kommer sätta oss ner vid middagsbordet i framtiden utan snabbt skåla, och skölja ner måltiden i form av ett piller.

Den globala efterfrågan på kött kommer att fördubblas de närmaste 40 åren. NASA håller på att forska för att tillverka mat i rymden. Man arbetar även med att med olika metoder få mat att hålla sig längre (t.ex. smörgåsar som håller sig färska i två veckor) samt nya metoder för förvaring.

Vi äter 25 procent mer kött än rekommenderat
Vi svenskar äter en fjärdedel mer kött än vad Livsmedelsverket rekommenderar. Vi skulle kunna frigöra en jordbruksareal som motsvarar 10-20 procent av Sveriges jordbruksmark[36].

- *Varje år äter vi svenskar 70 kg kött och charkprodukter, varav 62 kg utgörs av rent kött. Det är 20 kg mer än vad som rekommenderas,* säger Elinor Hallström, nutritionist och doktorand i energi- och miljösystem vid Lunds Tekniska Högskola och den som initierat och genomfört forskningen.

Tre fjärdedelar av konsumtionen utgörs av rött kött från nöt

41

och gris medan en fjärdedel av köttprodukterna konsumeras i form av charkuteriprodukter.

Även proteinintaget skulle minska men det skulle troligtvis inte ha någon negativ effekt eftersom de flesta äter mer protein än vad som är nödvändigt.

Korna tränger ut oss
En växande befolkning behöver mat och vi vet att nötkött är den animaliska matvara som är mindre bra för klimatet. Samtidigt finns det bara en enda djurart vars population växer mer än mänskligheten i dag. Korna fortsätter öka vår tamdjurspopulation mer än tre gånger så snabb som mänsklighetens egen befolkningsökning.

Konsumtion av köttprodukter per person 1960-2015[37]

	1960	1980	2000	2010	2015
Nötkött, m. ben	18,79	18,30	22,55	25,72	26,20
Fårkött, m. ben	0,25	0,65	0,94	1,42	1,76
Hästkött, m. ben	1,93	0,42	0,26	0,16	0,10
Griskött, m. ben	24,49	34,52	35,35	36,97	34,17
Viltkött, m. ben och inälvor	3,76	5,15	4,04	3,71	3,13
Fjäderfäkött, urtagen vara	1,55	4,91	12,79	18,37	22,39
Totalt köttprodukter	50,76	63,96	75,93	86,37	87,76

Mänsklighetens aptit på kött bara tycks öka. Västvärlden äter fortfarande klart mest, men konsumtionen i utvecklingsländer har inte mindre än fyrdubblats under de senast senaste 30 åren.

Men för att möta världens aptit på kött i dag räcker inte det på

42

långa vägar. Kor betar numera ofta på prima odlingsmark, i den mån de betar alls.

Att konsumera vegetabiliska växterna ger mycket mer energi och näring än att gå omvägen via att föda upp ett djur med dem.

En stor del av åkerarealen - mellan två tredjedelar och tre fjärdedelar av all brukad mark - används direkt eller indirekt till att föda upp våra tamdjur. Det blir alltså omkring en tredjedel av hela jordens yta.

Det finns en risk att till 2050 kan mer än hälften av allt spannmål användas till foder.

Svenskarnas konsumtion

Svenskarnas konsumtion ökar kraftigt Vi konsumerar mer och vi tycks finna en viss tillfredställelse i detta. Shopping har blivit en del av vår livsstil.

Hushållens disponibla inkomst (kronor per person och år, Inflationsjusterad) har ökat under perioden 2000 - 2016 från 113 300 kr till 208 000 kr. Utlandsresor och mobiltelefoner är ytterligare områden som ökar starkt medan alkohol och mat ligger mer stabilt.

I Göteborgs universitets Konsumtionsrapporten för 2017 finner vi föga förvånande att svenskarnas konsumtion ökar[38].

Vi som växte upp på 60 och 70-talen lärde oss att vi sparar först och handlar sedan. Efterföljande generationer verkar ställa frågan: *Hur mycket får jag låna?*

Hushållens totala konsumtion 2017[39]

Konsumtionsområde	Andel 2017	Miljarder kr 2017 löpande priser	Genomsnittliga förändring sedan 2007
Livsmedel och alkoholfria drycker	12,4 %	246	1,3 %
Alkohol och tobak	3,5 %	69	0,8 %
Kläder och skor	4,8 %	95	1,9 %
Bostad, el, gas och uppvärmning	26,2 %	517	1,3 %
Möbler, hushållsartiklar och underhåll	5,4 %	106	3,5 %
Hälso- och sjukvård	3,5 %	69	3,1 %
Transporter	12,9 %	254	1,1 %
Kommunikation	3,1 %	60	4,1 %
Fritid, underhållning, kultur	11,1 %	219	3,2 %
Utbildning	0,3 %	6	1,8 %
Hotell, kaféer, restauranger	8,8 %	130	3,1 %
Övriga varor och tjänster	10,8 %	214	2,4 %
Delsumma	100 %	1 978	2,0 %

Det har blivit enklare att shoppa. En växande del av våra inköp *"gör vi på nätet"*. Nu sitter vi vid köksbordet och har hela världens varor tillgängliga med några tryckningar på tangentbordet.

De stora varuhusen lockar med ett stort utbud. Kanske kan vi hitta en vara till ett bra pris, men ska vi addera kostnaden för bilresan, så är slutresultatet tveksamt – inte minst för miljön! Nöjda med en god affär firar vi detta med något färdiglagat eller ett restaurangbesök. Vi använder våra kök allt mindre till avancerad matlagning eller till att baka den goda limpan. Vi köper hel och halvfabrikat som går snabbt att göra i ordning.

Vi luras också av att ett företag lyckades med hjälp av vaniljdoft att sälja mer till kvinnor och vi blir mer sugna på fika på grund av doften från nybakat och kaffe i butiken. Detta är sinnesmarknadsföring som får oss i rätt sinnesstämning för att handla. Marknadsföring talar ofta mest till synen men det handlar också om ljud, doft, känsel och smak.

Vi har fått Köpcentra, som alltid ligger en bit från centrum vid stora trafikstråk eller vid gränsen mot Norge. De har stora parkeringsytor. Köpcentrum drar folk. 2012 besökte vi ett köpcentrum (i minst en timma) 11 gånger per år. 2016 hade detta ökat till 17 gånger. En del av förklaringen kan vara att vi gillar miljöerna och tar oss dit oftare och längre tid.

Rabatterbjudande lockar. Betalat vi med kort, så registreras vad vi köper och du får därefter erbjudande av dessa varor. 2012 handlade vi 15 gånger per år i ett köpcentrum. 2016 gjorde vi det hela 37 gånger! Från drygt 1 gång i månaden till 3 gånger.

Konsumtionen av kött har ökat under de senaste 50 åren. Anmärkningsvärt är fjäderfäkötts ökning från 1,55 kg/person 1960 till 22,39 kg. Med fjäderfä menas kycklingkött och i någon utsträckning kalkonkött.

Är vi inte ekologiska?

Hur kan den goda maten på din tallrik samtidigt skada planeten? På vilket sätt gör vi detta? Svaret finns i en rapport från

Naturskyddsföreningen[40].

1. **Din mat besprutas:** För att ta död på skadedjur besprutas det som ska bli din mat. Men kemikalierna stannar inte bara på odlingarna. De sprider sig nästan över allt. Och en del finns kvar i maten du äter.

2. **Barn riskerar skador:** Barn som äter den besprutade maten riskerar hälsoeffekter i framtiden. De barn som bor nära hårdbesprutade odlingar i andra länder kan drabbas direkt.

3. **Ohälsosam djurhållning:** Grisar som fixeras så att de inte kan röra på sig. Hönor som är inburade hela sina liv. Kossor som äter foder från mark där regnskog skulle ha frodats. Det är vardag för många djur.

4. **Fågelsången tystnar:** Nu förtiden odlas ofta en enda gröda på enorma fält med hjälp av gifter. Det tränger bort och dödar fåglar, blommor, bin och andra viktiga insekter.

5. **Arbetare med nervskador:** De som skördar dina bananer kan få nervskador eller till och med dö. Människor som plockar druvorna till ditt vin drabbas oftare av hjärntumörer.

6. **Jordbruk på väg in i väggen:** FN har konstaterat att kemikaliejordbruket inte kan fortsätta som det gör idag. Ändå sticker de flesta huvudet i sanden. Det ekologiska jordbruket har redan tagit tjuren vid hornen.

7. **Sjöar fulla av slem:** Sugen på ett dopp men vattnet är fullt av giftiga alger? Då är sjön eller havet så övergött att ekosystemen rubbats. Maten på våra tallrikar är en

av orsakerna.

8. **Äckliga ämnen i din mat**: Kemiska bekämpningsmedel används flitigt på världens odlingar. Spårmängder kan finnas kvar i produkterna. Deras uppgift kan vara:

- De ska ta död på skadedjur och svamp.
- Klimatvärstingen konstgödsel ska få grödor att växa.
- Klormekvat ska göra att spannmålsstråna håller sig lagom långa.
- Förhindrar svampangrepp.

- *Det är väldigt bekymmersamt att man hittar rester av bekämpningsmedel i nio av tio frukter, och att det ofta handlar om ämnen som är hormonstörande och cancerogena,* säger Johanna Sandahl som är vice ordförande i Naturskyddsföreningen[41].

Forskning visar hälsofördelar med ekologisk mat

Hälsofördelarna med ekologisk mat har utretts. Ekologisk mat innehåller mindre rester av bekämpningsmedel och att ekologisk djuruppfödning använder mindre antibiotika som positiva aspekter[42].

Ekologisk mat innehåller mindre mängder för kemiska bekämpningsmedel jämfört med konventionell mat, och sammanställningen visar att det kan ge en hälsofördel. Man har sett ett samband mellan högre halter av ett insektsbekämpningsmedel i urinen under graviditet och sämre utveckling av olika hjärnfunk-

47

tioner hos barnen.

Kött och miljö

Kött är tyvärr det livsmedel som påverkar miljön mest. Därför är det angeläget att vi minskar köttportionerna eller byter ut några rätter av nöt, lamm, gris eller kyckling i veckan mot vegetariska alternativ[43].

Hur ska vi välja kött? Nöt och lamm är negativt för klimatet men betande djur hålla marker öppna, vilket gynnar den biologiska mångfalden, särskilt om djuren har betat naturbetesmarker.

När det gäller våra transporter söker vi fossilfria drivmedel. Det ska vara förnyelsebara drivmedel.

Samma sak gäller för vår matproduktion. När korna betar och äter förnyelsebart foder innebär detta inte samma belastning av växthusgaser.

Alternativ mat

Om maten ska räcka till jordens växande befolkning, måste vi använda andra råvaror. Vi har en hög äckelfaktor att övervinna när det gäller insekter och det dröjer nog innan dessa nya matvaror blir vanligt på våra matbord.

I en enkät frågades vad du kan tänka dig äta av följande. Man fick välja fler alternativ.

- Alger   56 procent
- Odlat kött   27 procent

- Insekter   19 procent
- Nej till alla alternativ   25 procent
- Tveksamt/vet ej   9 procent

Men vi kan alla göra något åt att vi i Sverige varje år slänger fullt ätbar mat!

För att det odlade ska räcka till måste vi odla vår mat effektivt och hållbart. Det kan också behövas nya sätt att odla och nya ingredienser i maten för att föda en växande befolkning. Ska vi äta insekter eller kött som är odlat i ett laboratorium? [44]

Lika mycket som vi tar från jorden när vi skördar behöver återföras till jorden för att den inte ska utarmas. Därför måste vi variera grödorna och använda stallgödsel, viket är bra för jorden. Likaså måste vi om möjligt avstå från bekämpningsmedel, vilka kan vara kvar i växterna när vi äter dem. Jorden förgiftas och ekosystem sätt ur spel när insekter, djur och närliggande vattendrag påverkas av medlen.

Alla betande djur har en mycket viktig funktion i många ekosystem, där de behövs för att hålla marker öppna. Betesmarker är den naturtyp som har flest arter i vårt land och många av de insekter och växter som lever där är utrotningshotade. När det gäller köttets negativa påverkan på miljön så är det den storskaliga inomhusproduktionen av kött, som är den stora boven. Exempel på cellproducerade animaliska produkter:
- Mjölk: Amerikanska företaget Perfect Day försöker ta fram olika former av laboratorieodlade mejeriprodukter.

- Äggvita: Försök görs av företaget Clara Foods.
- Noshörningshorn: Utvecklas av företaget Pembient, med en förhoppning att på så vis få stopp på tjuvjakt.
- Läder: Med kollagen gör företaget Modern Meadow lädermaterial med hjälp av Kollagenodlade celler.
- Köttbullar: Amerikanska Memphis Meat är ett av företagen som kommit längst i utvecklingen av laboratorieodlat kött. 2016 presenterades en köttbulle odlad i labbmiljö.
- Köttbit: Ett israeliskt företag, Aleph Farms, har presenterat den första laboratorieodlade köttprodukten, som enligt företaget har någon form av textur. Annars handlar det oftast om hamburgare och liknande produkter utan det tuggmotstånd som kött har.

Västerländsk diet en tickande jättebomb[45]

Den västerländska diet är både ett globalt hälsohot och ett globalt miljöhot.

Det är i tidskriften Nature som forskare publicerar en stor prognos för hur världens hälsa och miljö påverkas av vad vi äter.

Forskarna har granskat de 100 folkrikaste länderna mellan 1961 och 2009. Mattrenderna ändras i takt med ökade inkomster och ökad urbanisering.

Utvecklingen innebär alltmer kött, fett och socker. Vi äter enligt forskarna mindre av det som är nyttigt.

- *Stadsbor får i sig mindre av färska frukter och grönsaker, i stället inhandlas mer snabb och billig mat som är god men onyttig*, säger professor David Tilman vid University of Minnesota, till SVT.

Den ökade urbaniseringen gör att denna typ av onyttig mat nu sprids till allt fler länder, som Kina, Mexiko, Tunisien och Nigeria.

Enligt forskarna kommer världens befolkning år 2050 äta mindre frukt och grönt, 60 procent mer *"tomma kalorier"*, och runt 50 procent mer köttprodukter än idag och vi får en fetare befolkning med fler som insjuknar i diabetes, hjärt- och kärlsjukdomar och vissa cancertyper.

En vegetarisk diet minskar till exempel risken för att drabbas av typ 2-diabetes med över 40 procent, enligt forskningen.

För att se om de förväntade effekterna går att hejda, valde forskarna ett scenario där befolkning fram till år 2050 istället bytte till någon av tre dieter.

Gemensamt är en minskad köttkonsumtion, och mer frukt och grönt.

Forskarnas slutsats var:

> Denna diet skulle leda till att typ II-diabetes minskat med en fjärdedel och hjärtsjukdomar med en femtedel, samtidigt som matindustrins förväntade ökning av växthusgaser fram till år 2050 hejdas nästan helt.

Vi vet att det är nyttigt att äta rätt, ändå äter vi sämre. Vad bör göras för att stoppa utvecklingen?

Hur ser framtidens mat ut?

Man tror att maskar och insekter blir en framtida föda och det surras mycket om odlade insekter. Troligtvis kommer vi inte att äta hela insekter. Man försöker extrahera ut proteiner ur mjölmask för att kunna blanda in det i allt från spannmål till köttbullar och korv[46,47].

Vi behöver producera mat som är hållbar för naturen och en del forskare anser att vi kan behöva odla på helt nya sätt för att den odlingsbara marken i världen ska räcka till.

Växthus kan behövas, kanske med flera våningar och odlingar på tak och väggar inne i tätorterna. Stadsodlingarna ökar på många håll runt om i världen och att odla mer i stadsmiljön ger förutom mat också ökad sysselsättning och en förbättring av den sociala miljön inne i städerna.

Det är framför allt vi européer som har problem med att äta insekter. I Afrika, Asien och Sydamerika är insekter som föda ingen nyhet och det är ganska naturligt. Insekter innehåller mycket näring, vitaminer och en massa protein. Vi har lättare för att äta dem om insekterna mals och används i maträtter istället för att ätas hela.

Något annat som en del tror mycket på är odlat kött. Detta har framställts på syntetisk väg genom odling av muskelceller. Det pågår flera forskningsprojekt runt om i världen där kött odlas på olika sätt, men än så länge går det inte att hitta odlat kött i butiker.

Några olika råvaror för våra maträtter

Insekter

Matvaror baserade på insekter klassas som nya livsmedel och måste godkännas innan de får säljas. Enligt Livsmedelsverket har ännu inget godkännande utfärdats till något företag i Europa.

- *Företagen måste visa på vilket sätt de till exempel förhindrar risker för smittspridning, allergirisker och att insekterna utvecklar toxiner,* säger Zofia Kurowska, statsinspektör på Livsmedelsverket.

Kan uppfödning av syrsor och fluglarver bli ett alternativ för det svenska lantbruket?

Martin Stridh, som driver östgötaföretaget Eatem, som producerar proteinsnacks av syrsor. Han ser stora möjligheter i framtiden[48].

- *Tack vare att det är ett neutralt protein så kan man berika nästan vilken produkt som helst. Jag tror det kommer börja med snacks som vi gör. Man kan göra pasta, müsli och med mer forskning och utveckling tror jag man kommer kunna göra en biff av det,* säger Martin Stridh.

Vi kan börja med insektsburgare som bestående av fem deciliter torkade buffalomaskar, ungefär lika mycket syrsor och lite grönsaker. Burgaren liknar falafel men är frasigare.

Varför inte en gräshoppssallad eller en soppa med larver? Lika bra att vi vänjer oss. Motståndet ligger nog inte på den smakmässiga sidan utan mer på att vi måste komma runt äckelfaktorn. Bäst att vi vänjer oss för snart kan sådana frågor vara verklighet.

Insekterna ska användas till livsmedel samt till djurfoder och gödningsmedel. Insekter kan lösa mänskliga och miljömässiga utmaningar som världen står inför. Behovet av ett naturligt protein i livsmedel växer sig allt större.

Dessutom är insekter ett bra alternativ till den soja som idag importeras till djurfoder.

Insekterna förbrukar betydligt mindre foder och vatten än annan livsmedelproduktion och behöver mycket mindre utrymme och avger mycket mindre koldioxid (CO_2). Insekterna producerar en bråkdel av den metangas och dikväveoxid som kor och grisar gör. Det här är två av de kraftigaste växthusgaserna, vars klimatpåverkan kan vara upp till 300 gånger större än koldioxidutsläppen.

För att producera ett kilo biffkött går det åt ungefär tio kilo foder. Samma mängd föda ger nio kilo gräshoppor, kräver mindre vatten och de kan livnära sig på allt från spannmål till mänskligt avfall, alltså matrester, döda krukväxter, tyg och hundmat.

Man tänker sig att man ska rosta, torka och mala dem till mjöl. Därmed får de en bredare användning, som en ingrediens, något som förstärker bröd eller pasta till exempel. Insekter kan ätas som chokladdoppade larvgodisar, friterade godbitar, doppade i sojasås, stekta larver i tacos eller myror på sallader.

Här är några sorter som förväntas dyka upp på våra tallrikar så småningom[49].

- Mopanelarver: En av de mest näringsrika insekterna.
- Kejsarmalens larver: Äts kokta eller soltorkade.
- Mexikanska gräshoppor: En proteinrik delikatess som serveras rostade och kryddade i Mexiko.
- Fjärillarver: Som urbefolkningen i Australien har ätit sedan länge. De tjocka vita larverna från arten Witchetty Grub ha smak av mandel.
- Termiter: Stekta, soltorkade, rökta eller kokta. Termiter är en källa till protein.
- Bärfisar: Äts rikligt i Asien.
- Mjölmaskar (stor mjölbagge): En av de få insekter som har nått västerländska menyer.
- Afrikansk palmvivel: Som flera afrikanska stammar äter som traditionell mat. Näringsvärdet varierar mellan olika arter, men 100 gram fjärilslarver kan räcka till att fylla en stor del av dagsbehovet av sådana viktiga mineraler som fosfor, järn, kalcium, kalium, magnesium, zink och många vitaminer. Mjöl av malda larver kan också blandas till en sorts gröt och ges som kosttillskott till undernärda barn.

De vanligaste insekter som äts är termiter, gräshoppor, skalbaggar och myror. Malda termiter används i delar av Afrika till barnmat. Näringsvärdet på insekter är jämförbart med kött och fisk. De kan stekas eller friteras, alternativt bli inblandade i andra maträtter. I de länder där insekter används som mat finns en lång tradition, men det finns en tveksamhet till insekter som mat i västvärlden. Vi svenskar lämnar efter oss 80 till 85 kilo matavfall per person och år. Det är en råvara som skulle kunna utnyttjas till larvproduktion med protein som slutprodukt.

Det är ett alternativ till dagens teknik där hushållsavfall används för att tillverka biogas. Myror och termiter är redan mat[50].

- *Med larver får man ut protein och med rötning kemisk energi*, säger Björn Vinnerås vid SLU, som ser larver som en genväg i kretsloppet för att fånga upp energin i hushållsavfall och gödsel.

Ellen Gellerbrant från Hakuna Mat berättar[51]:

- *Vi ska undersöka vilken malningsgrad som lämpar sig för de olika arterna och om färs eller torkade insekter passar bäst. Förhoppningen är att mjölmaskar och syrsor ska kompletterar varandra i färsen.*
- *Det är mycket proteiner i syrsor och mer fett i mjölmask så vi hoppas få fram en bra avvägning. Och de två arterna är bevisat klimatsmartare att föda upp i västvärlden än kött, de släpper ut mindre växthusgaser än andra animalier*, säger Ellen Gellerbrant.

Men lite äckligt är det väl ändå att äta insekter?

- *Jag och mina kolleger hade också en liten tröskel innan vi smakade första gången, men det var inte så jobbigt. Två veckor senare köpte vi levande syrsor och maskar och tillagade dem hemma*, berättar Ellen Gellermark.

Livsmedelsverket har valt en tolkning av EU-bestämmelserna

som innebär totalstopp för insekter som mat. Motsvarande myndigheter i andra länder har gjort precis tvärt om[52].

Myror

Insektsbiten skriver om myror[53]:
> De flesta myrarter är ätliga, och deras smak är lätt sura. Detta beror på att myrorna utsöndrar en syra när den är hotad, vilket ger dem en vinägerliknande smak. I Colombia rostas myror med salt (krispig salt och vinäger!) och de äts på fester.

Vi svenskar äter årligen utan problem ett halvt kilo var av kräftor – en tradition som andra kulturer rynkar på näsan åt eftersom kräftor är besläktade med spindlar och kvalster.

Människor över hela världen kan njuta av myror som snacks och delikatesser. Stora Bladskärarmyror är en delikatess i Colombia[54].

Du kan använda en myrgård för avel och utfodring av dina myror. En av de mest populära recept på Internet är avelstacos. Dessa insekter har lika mycket protein som nötkött eller kyckling och har ännu mer järn, zink, niacin, tiamin och riboflavin.

Gräshoppor

Syrsemjöl har ett högt proteininnehåll och är rikt på mineraler och vitaminer. Men svenska myndigheter är restriktiva när det gäller användning av insekter som foder eller livsmedel och det skapar problem for företagarna.
> - *Det största problemet är att vi inte får sälja insekter som*

*mat. Sen får man inte importera fritt heller. Det ska vi lösa med ett utländskt bolag och sälja till andra länder, säger Martin Stri*dh, som driver Östgötaföretaget Eatem som producerar proteinsnacks av syrsor.

Syrsor innehåller cirka 70 procent protein och det finns insekter som innehåller upp emot 80 % protein. Och man kan till och med göra mjöl av torkade syrsor och baka kakor, muffins, pizza, pasta eller göra proteinbars!

Syrsor lär påminna om popcorn, mjölbaggar, rostade nötter, gräshoppor och räkor. Allt beror på tillagningen och kryddningen. Precis som med all annan mat...

Cikadan skall heller inte förväxlas med syrsan eller gräshoppan, inte heller med vandringsgräshoppan som omnämns i Gamla Testamentet, där det berättas om en stor invasion av gräshoppor som en av Egyptens tio plågor. En enda svärm av vandringsgräshoppor kan bestå av över en miljard individer och varje individ kan konsumera sin egen kroppsvikt i växtlighet per dag.

Mat i flytande form

Får det vara ett glas ginsengmjölk? Kanske lite broccolichips och ett ägg med inbyggd medicin? Undersökningar visat att chili förlänger livet så varför inte lite Sriracha chilisås. Sriracha är en stark chilisås, gjord på solmogna chilifrukter, vinäger, vitlök, socker och salt. Den är uppkallad efter kuststaden Si Racha i Thailand[55].

Uppmärksamheten för chilisåsen startade då den för några år

sedan utsågs till årets ingrediens i det stora landet i väster.

Kokosnöt i alla dess former har ökat mycket i Sverige sista tiden, och räkna med att såväl ICA som COOP kommer utöka sina sortiment av kokosoljor.

Insekter till middag?

- I Thailand äter man gärna friterade gräshoppor.
- Japanerna betraktar numera *"zazamushi"*, vattenlevande insektslarver stekta i soja och socker, som en delikatess.
- I Kambodja fick man efter Pol Pots skräckvälde smak på friterade tarantellaspindlar med vitlök.
- Mexikanerna har för sin del mescal, spriten där man i vissa sorter kan hitta en mask i flaskan. Få känner till att larven betraktas som en delikatess, som ofta serveras på tortillas tillsammans med en kryddstark sås.
- Åttio procent av jordens alla nationer har insekter på menyn.
- Totalt utnyttjas minst 1 400 arter till föda.

Varifrån kommer maten?

En groda skall kokas sakta är ett talesätt för att det måste gå sakta när man skall vänja sig vid något nytt, ovant och obehagligt. Hettar man upp vattnet för snabbt hoppar grodan ur och flyr i väg. Tar man det riktigt sakta med upphettningen sitter den kvar och trivs i värmen, men dör då sakta allteftersom vattnet blir hetare[56]. Kanske är detta en metafor för hur vi bör närma oss de nya matråvarorna, som kan bli aktuella framöver.

Ska maten räcka till alla, kommer vi inom de närmaste åren att få ändra på vad vi betraktar som mat och hur den produceras. Vi måste äta mindre kött och mer växträtter. Precis som man redan gör i stora delar av Asien. Vi måste söka nya vägar för vårt livsmedelsbehov. Man trodde tidigare att man skulle kunna framställa artificiella smaker och ha artificiella grödor – dvs. att man skulle kunna tillverka alla grönsaker, mjöl och kött i laboratorium och erbjuda matpiller[57].

Det är inte så enkelt som man kan tro att introducera ett nytt livsmedel från en ny råvara.

Företaget som vill få ett livsmedel godkänt måste själva skicka in en ansökan till en kontrollmyndighet i något av EU:s medlemsländer där de bevisar säkerheten hos livsmedlet. Experter från alla medlemsländer får komma in med synpunkter och europeiska myndigheten för livsmedelssäkerhet (EFSA) kan också vid behov anlitas. Men enligt svenska Livsmedelsverket har det inte inkommit någon ansökan på EU-nivå[58].

Enkelt uttryckt ska vi lösa framtidens matförsörjning så måste vi lära oss att äta insekter. Den svensk byråkratisk stelbenthet får inte hindra detta!

FN:s mat och jordbruksorganisation FAO[59] vill att vi ökar vårt intresse för insekter som en ny form av mat för en hungrig värld. Insekter har förutom högt näringsvärde också högt innehåll av både proteiner, fetter och mineraler. Man har underskattat det värde som gräshoppor, myror och andra invånare i insektsvärlden kan ha för människor, husdjur och boskap.

Skalbaggar, larver och getingar skulle kunna utgöra tilläggsföda för miljontals människor globalt. Insekter finns överallt och de både växer och reproducerar sig snabbt.

Svensken äter väldigt mycket kött. Men det märkts en minskning och en Sifoundersökning visar att drygt var femte svensk säger att de äter mindre kött för att minska sin egen klimatpåverkan[60].

Om vi västerlänningar kunde acceptera insekter som en naturlig del av vår diet, så skulle våra möjligheter att försörja jordens växande befolkning öka markant.

- *För att ta till oss ny mat krävs det att den liknar något vi redan äter. När kinamaten introducerades i Sverige var det i en form som påminner om kalops i både konsistens och utseende*, säger Rickard Tellström, lektor i måltidskunskap.

Inget nytt under solen
Evangelium enligt Matteus 3:4:
> *Johannes bar kläder av kamelhår och hade ett läderbälte om sig. Hans mat var gräshoppor och vildhonung.*

Förväntade smaker
Här är några smaker, som vi får vänja oss vid[61]:

- Mjölmask: Neutral smak. Stekta i olja och salt, snacks likt som popcorn.
- Gräshoppor: Åt skaldjurshållet. Friterad och lätt saltad som ostbågar.
- Syrsor: Nötig smak.

Man beräknar att efterfrågan på livsmedel kommer att öka med ungefär 70 % de kommande 30 åren så utmaningen är stor att finna nya vägar för vår framtida matförsörjning.

Runt om i världen i 113 länder använder man 1 700 insektsarter. Man kan också se dem som delikatesser. I Colombia äter man malda myror som pålägg på bröd. Friterade gräshoppor säljs ofta som gatumat i Sydostasien. David George Gordon, en naturalist och författare från Seattle säger[62]:

- *Insekter är de värdefullaste, mest underutnyttjade och mest delikata djuren i världen. Kanske är det vi i västvärlden som är knäppskallarna?*

Några exempel på vad vi hittills lärt sig om alternativa livsmedelsråvaror och vad som är på gång runt om i världen:

- Den yta som krävs för insektsodlingar är minimal jämfört med köttproduktion. Även jämfört med kyckling är insekterna överlägsna.

- Gräshoppor innehåller 20 mg järn för varje 100 gram och fyra syrsor innehåller mer kalcium än ett glas mjölk. Redan nu är den första insektsfarmen i stor skala på gång i Danmark.

- En av de mer spännande upptäckterna under senare är att det går att odla grönsaker utan jord sk. Windowfarming.

- Den danska stjärnkrogen Noma har serverat mousse på mallarver och myrkräm som dessert utan protester.

- Norska forskare undersöker maneter som framtida kost.

- Mandeldryck kan kanske ersätta mjölk.
- Mögelsvampen quorn är ett fullvärdigt vegetarisk alternativ till kött.
- Man studerar molekyler i pumpor, tomater och gräs för att skapa ost, ägg och kött, helt på vegetabilisk väg dvs. göra *hela processen som händer i en ko, utan ko.*
- Sojabönsdrycken Soylent sägs täcka alla näringsbehov och flytande frukost, lunch och middag finns numera att köpa.
- I vår stressade livsstil behöver vi inte ens öppna munnen. Maten kan komma till oss som ett plåster. I dag innehåller Nutribands plåster främst vitaminer, i morgon kan det vara energin motsvarande en spagetti carbonara.
- Dags för lite broccolichips och ett ägg med inbyggd medicin och därtill ett glas ginsengmjölk.
- Trendspanarna tror att följande grönsaker kommer att vara *super foods*: Avokado, grönkål, gurkmeja, blåbär, kefir, mandel, blomkål, kokosnöt, linfrö, vattenmelon och bulgur.
- Sociologer menar att det omfattande publicering av bilder på våra måltider på sociala medier har gjort att mat mer än tidigare är något vi förknippar med vilka vi är, vår identitet[63].
- Uppfödning av gris leder upp till 100 gånger större utsläpp av klimatgaser och arealen som tas i anspråk för insektsodlingar är minimal jämfört med köttproduktion.

Insekter är rika på näringsämnen. Om man torkar dem kan proteininnehållet uppgå till 60 procent av totalvikten. Det kan jämföras med en vanlig biff som har ett proteininnehåll på ungefär 22 procent. Även insektsägg och puppor innehåller stora mängder lättsmält protein.

Näringsvärdet i insekter m.m.
Är insekterna nyttiga att äta?

Innehållet i några insekter[64].

	Protein	Kalcium	Järn
Tusenfoting	28,2 %		35,5 %
Gräshoppa	20,6 %	35,2 %	5,0 %
Dyngbagge	17,2 %	30,9 %	7,7 %
Jfr Köttfärs	27,4 %		3,5 %

...men undvik nyckelpigor. De är inte direkt giftigt men smakar väldigt illa.

Några olika tänkbara råvaror för våra maträtter
Vi kan börja med insektsburgare som bestående av fem deciliter torkade buffalomaskar, ungefär lika mycket syrsor och lite grönsaker[65]. Burgaren liknar falafel men är frasigare.

Man tror att maskar och insekter blir en framtida föda och det surras mycket om odlade insekter. Troligtvis kommer vi inte att äta hela insekter. Man försöker extrahera ut proteiner ur mjölmask för att kunna blanda in det i allt från spannmål till köttbullar och korv[66].

Varför inte en gräshoppssallad eller en soppa med larver? Motståndet ligger nog inte på den smakmässiga sidan utan mer på att vi måste komma runt *äckelfaktorn*. Bäst att vi vänjer oss för snart kan sådana frågor vara verklighet.

Insekterna ska användas till livsmedel samt till djurfoder och gödningsmedel. Insekter kan lösa mänskliga och miljömässiga utmaningar som världen står inför. Behovet av ett naturligt protein i livsmedel växer sig allt större. Dessutom är insekter ett bra alternativ till den soja som idag importeras till djurfoder

Näringsvärdet varierar mellan olika arter, men 100 gram fjärilslarver kan räcka till att fylla en stor del av dagsbehovet av sådana viktiga mineraler som fosfor, järn, kalcium, kalium, magnesium, zink och många vitaminer. Mjöl av malda larver kan också blandas till en sorts gröt och ges som kosttillskott till undernärda barn.

- **Fluglarver:** Fluglarver som får äta matrester kan bli foder till djur. Fluglarver kan leva i hushållsavfall eller gödsel. Därefter ska de proteinrika larverna samlas in, torkas och användas för att tillverka djurfoder.

- **Myror och termiter:** I länder i Afrika och Asien är det inte ovanligt att äta insekter. De vanligaste insekter som äts är termiter, gräshoppor, skalbaggar och myror. Malda termiter används i delar av Afrika till barnmat. Näringsvärdet på insekter är jämförbart med kött och fisk. De kan stekas eller friteras, alternativt bli inblandade i andra maträtter. I de länder där insekter används som mat finns en lång tradition, men det finns en tveksamhet till insekter som mat i västvärlden. Vi svenskar lämnar efter oss 80 till 85 kilo matavfall per person och år. Det är en råvara som skulle kunna utnyttjas till larv-produktion med protein som slutprodukt.

Det är ett alternativ till dagens teknik där hushållsavfall används för att tillverka biogas. Myror och termiter är redan mat[67].

- *Med larver får man ut protein, med rötning kemisk energi*, säger Björn Vinnerås vid SLU, som ser larver som en genväg i kretsloppet för att fånga upp energin i hushållsavfall och gödsel.

- *Det är mycket proteiner i syrsor och mer fett i mjöl-mask så vi hoppas få fram en bra avvägning. Och de två arterna är bevisat klimatsmartare att föda upp i västvärlden än kött, de släpper ut mindre växthus-gaser än andra animalier*, säger Ellen Gellerbrant.

- Men lite äckligt är det väl ändå att äta insekter?

- *Jag och mina kolleger hade också en liten tröskel in-nan vi smakade första gången, men det var inte så jobbigt. Två veckor senare köpte vi levande syrsor och maskar och tillagade dem hemma*, berättar El-len Gellermark.

Det är en hög tröskel att övervinna innan Livsmedels-verket kan ge klartecken.

- *Företagen måste visa på vilket sätt de till exempel förhindrar risker för smittspridning, allergirisker och att insekterna utvecklar toxiner*, säger Zofia Kurowska, statsinspektör på Livsmedelsverket.

- *Livsmedelsverket har valt en tolkning av EU-be-*

stämmelserna som innebär totalstopp för insekter som mat. Motsvarande myndigheter i andra länder har gjort precis tvärt om[68].

Människor över hela världen kan njuta av myror som en snacks och delikatesser. Stora Bladskärarmyror är en delikatess i Colombia[69].

Kackerlackor[70]

Är kackerlackor framtidens penicillin? Sjukvårdens största framtida hot är resistenta bakterier. Fler och fler onda bakterier överlever antibiotika. Många menar att det är vår tids värsta pandemi. Dessa bakterier blir allt fler och breder ut sig i rasande fart. Snart kan en vanlig infektion bli livshotande och många rutinoperationer som höftproteser kommer inte längre att kunna utföras. Neonatalvård av för tidigt födda kommer inte att kunna utföras. Hela vår sjukvård kan kollapsa. Och det går fort.

Nu hoppas forskarna att man hos kackerlackor och grodor hittat kraftfulla vapen i kampen mot resistenta mördarbakterier[71].

- *Vinden har vänt. Länge har syntetiska läkemedel dominerat detta område, men nu bygger mycket lovande forskning på det som finns naturligt i vår omvärld.*
- *Den senaste upptäckten är att kackerlackor kan bli ett nytt, efterlängtat vapen i kampen mot MRSA och ecolibakterier.*

En brittisk forskningsgrupp vid University of Nottingham har upptäckt att det hatade skadedjurets hjärna innehåller inte mindre än nio olika molekyler som är giftiga för bakterier. 90 procent av de två bakterietyperna kunde utrotas med hjälp av innehållet i kackerlackans hjärna och nervsystem, utan att skada de mänskliga cellerna.

Ett sekret från jättekackerlackor kan bli nästa trendiga proteinprodukt för kroppsbyggare, enligt en av de ledande branschtidningarna inom livsmedelssektorn.

- *Det är som ett komplett livsmedel, det finns proteiner, fettsyror och sockerarter. Om du tittar närmare på proteinerna så finns alla essentiella aminosyror*, säger Sanchari Banerjee vid Institutet för stamcellsforskning i Bangalore i ett uttalande.

Sekretet bildas i magen på en speciell art som ingår i familjen jättekackerlackor.

Först nu har kackerlacksmjölken kunnat analyserats. Bland annat innehåller sekretet tre gånger mer energi än buffelmjölk. Proteinet binds i kristaller som långsamt löser upp sig i vätskor.

Kackerlackskristallernas egenskaper gör dem dessutom lämpade att transportera helt andra ämnen i nanostorlek.

Det pågår redan arbete för att odla kristallerna med

hjälp av jästkulturer.

Maneter

Maneter innehåller protein och man bedömer att dessa kan ge maten konsistens och göra den extra lämplig som grytbitar eller strimlad i sallad. Manetsallad äts redan i stora delar av Asien.

Brödbak med malda syrsor

Företaget Qvicket satsar på att få svenskarna att äta malda insekter. Man kan baka bullar och bröd på glutenfritt mjöl på malda syrsor. Insekter har ett högt proteininnehåll, ett lågt koldioxidavtryck och dessutom kryllar det av dem. Man kan också baka bananplättar med syrsmjöl[72].

Thailändarna vill lära svenskar att äta insekter

FN beräknar att jordens behov av mat kommer att öka med 60 procent fram till år 2050. Vi måste lära oss äta insekter. I Thailand njuter man redan idag av maskar, larver, syrsor och skalbaggar[73].

- *Insekter är inte äckliga. De är gulliga,* säger Maliwan Naatomthong och stoppar in ytterligare en helkokt syrsa i munnen.
- *Jättegott, ta en du också, säger hon och räcker mig en av de inte alltför lockande syrsorna.*

Maliwan är bara en av ungefär 300 insektsodlare i byn Baan Maka i provinsen Mahan Sarkham i nordöstra Thailand. Syrsorna har blivit ett ekonomiskt lyft för byn.

Bönder slutar föda upp boskap och istället gått över till syrsor.

Det är helt i FN:s linje att ta steget bort från köttproduktion till uppfödning av insekter. Köttproduktion tär hårt på jordens resurser och insekter med sitt höga proteininnehåll är ett bra alternativ, enligt FN.

Insekter har länge varit en naturlig del av födan i Thailand men det är först på senare tid som organiserad uppfödning kommit till. Idag är insektsuppfödning en mångmiljonindustri i Thailand. Bara när det gäller syrsor finns det omkring 20 000 uppfödare. Dessutom föds det upp silkesmaskar, larver och gräshoppor.

Insekter från Thailand går redan på export till flera länder i världen, inte minst till grannländerna.

- *Insektsodling är en framtidsbransch för snart kommer världen att få brist på mat,* säger Pichitchai Srigern, som är ordförande i byns kooperativ av insektsfarmare.

Frazer lanserar limpa med 70 syrsor

Insekter i maten sägs vara framtiden och nu är uppenbarligen framtiden här. Finska livsmedelskoncernen Fazer börjar baka med syrsor. Mjöl, jäst, vatten. Vanliga ingredienser i bröd – som snart får ett något oortodoxt komplement av insekter. En limpa innehåller ungefär 70 syrsor, vilket motsvarar omkring tre procent av brödets vikt.

Vegetabilier

Nya produkter från växtriket

Om vi letar efter ny mat från växtriket så är en granskning av Vinnovas gjorda satsningar en signal om vad som är på gång. I framtiden kanske det finns korv, pasta och glass gjorda av lupiner i butikerna. Hans Alfredsson sång om *Blommig falukorv* är kanske inte så avlägset[74].

Vinnova satsar på projekt för att ta fram ätbara prototyper. Här är några exempel:

- Svenskodlad lupin som kan användas för att producera flera olika sorters livsmedel, till exempel dryck, färs, korv, pasta, bröd och glass.
- Proteinrik biomassa från jäst, fisk och alger.
- Mjölmaskar uppfödda på vegetabiliska matrester
- En ny delikatessprodukt från musslor
- Muskelceller odlade på strukturer från havreprotein
- En grillprodukt från biprodukter av protein, fiberhaltiga råvaror och grödor
- En svensk version av den indonesiska sojan där sojabönan byts ut mot svenska, ekologiska gula ärtor
- Ett proteinpulver av mjölmask och sedan utveckla flera olika livsmedelsprototyper från pulvret
- En ädelostliknande produkt baserad på svenskodlade åkerbönor och sojabönor.
- Svenska blåmusslor ska odlas för att ta fram en proteinbar eller sportdryck.
- Odla ostronskivling på växter som odlats i våtmarker

som tar upp näringsämnen från jordbruksmarken.

Ätliga vilda växter

Man kan gärna ha vilda växter i sina smoothies men man bör tillägga att *"ät bara det du är helt säkert på är ätligt"*. Det finns många växter som är lätta att känna igen men det finns också det som du bör vara försiktig med och som kan förväxla med annat. Ät t.ex. inget som liknar hundkex. Några ganska enkla växter att känna igen är maskros, nässla, svinmålla (ogräs som förr odlades som spenat och som är mycket nyttigt). Se alltid till att du är helt, helt säker. Innan dess är det bättre att använda spenatblad, sallad, mangold, grönkål m.m.

- **Ringblomma**: Blommorna är ätliga och fina att garnera maträtter med. Fin rabatt- och snittblomma, lättodlad. Sås ofta för biologisk bekämpning av myror[75].

- **Nyponrosen**: Blommor kan man ha i en sallad och man kan göra nyponsoppa eller nyponte. Det kan användas torkat eller färskt. Man kan torka det och smula det över müslin, gröten eller något annat[76].

Här är guiden till olika sorters mjöl[77]:

- **Teffmjöl**: Teff (glutenfritt) är ett näringsrik växt som hör till familjen gräs.

- **Vetemjöl**: Vetemjöl (gluten) är finmalet och siktat mjöl av vete.

- **Bovetemjöl**: Bovete (glutenfritt) görs av skalat bovete som trots sitt namn är en ört.

- **Kikärtsmjöl**: Kikärtsmjöl (glutenfritt) är gjort av hela kikärtor som malts ner till ett finkornigt mjöl.

- **Quinoamjöl:** Quinoamjöl (glutenfritt) är hel quinoa som ångats och malts till mjöl.
- **Kokosmjöl:** Kokosmjöl (glutenfritt) görs på det som blir kvar efter att man pressar färska kokosnötter på olja.
- **Mandelmjöl:** Mandelmjöl (glutenfritt) är blancherade och malda sötmandlar med nötig smak.
- **Amaranthmjöl:** Amaranthmjöl (glutenfritt) är gjort på frön från en blomma som är släkt med mangold, rödbeta och spenat.
- **Dinkelmjöl:** Dinkelmjöl (gluten) är siktat mjöl av dinkel.

Ätbart ogräs och vilda växter – tips att plocka till middagen
I naturen vimlar det av grönskande godsaker. Till middagsbjudningen kan du bjuda på närodlat ogräs[78].

- **Kirskål** är ett utmärkt alternativ till grönsalladen och växer ofta i stora partier vilket gör det enkelt att skörda.
- **Granskott** är goda att bara äta som de är med sin fräscha smak och krispiga konsistens under ett besök i skogen.
- **Maskrosor** har krispiga maskrosblad och är en bra grund till en grön sallad och är både gott och mättande. På maskrosen går även blomman att äta och göra god marmelad på. Roten på maskrosen går även den att tillaga och tex göra soppa på.
- **Löktrav** avslöjar redan vid namnet att den doftar vitlök. Dock smakar den inte det.

- **Nässlor** är vitaminrika och skapar en välsmakande pesto, går att användas i matlagning och göra god soppa, gryta och paj på.
- **Älgört.** Blommorna kan användas till saft eller te precis som fläderblomman.
- **Ramslök** smakar lök och är god att äta rå och blanda ner i salladen. Även blomman går att äta.
- **Harsyrans** blad är väldigt användbara som smaksättning när du lagar mat även idag. Dekorera salladen med eller servera råa till middagen.

Växternas delar och deras användningsområde (Ur "Okuvlig" av Pär Leijonhufvud) [79].

- **Rötter** innehåller stärkelse men ibland olika sockerarter.
- **Frön** innehåller ofta en del näring.
- **Bär, frukt** är en bra källa till snabba kolhydrater.
- **Skott** kan innehålla en del kolhydrater och vitaminer.
- **Nötter** är ofta rika på fett och/eller protein.
- **Blad, stjälkar** är bra källor till vitaminer och mineraler.
- **Kambium** innehåller ofta ganska mycket kolhydrater. Från björken kan man på våren tappa sav, som är söt och god.
- **Hundkäx** är lite som morot, blomstjälken är ihålig och fårad, ibland sträv.
- **Kaveldun:** Rotstockarna kan man krossa i vatten och få ut en stor mängd stärkelse.

- **Kolsäv** kan man äta dels märgen från stråbasen men även rotskotten.
- **Kärleksört** kan man äta bladen direkt på. Man kan koka rötterna och sedan äta dem.
- **Skägglavar** är de bruna och brunsvarta arterna. De övriga innehåller mycket lavsyror.
- **Mjölkörtens** blad kan torka till ett gott te, den bleka märgen inne i stjälken är god att äta färsk, och det går att rosta eller koka de unga rötterna och äta dem.
- **Nypon** innehåller mycket C-vitamin (upp till 1 %!), och även en del kolhydrater. Ät dem färska eller koka till mos eller nyponsoppa.
- På **ormrot** kan man äta groddknopparna. Även bladen kan ätas, men har ett måttligt näringsinnehåll.
- **Tallens och granens rötter** går att använda som snöre. De färska skotten innehåller mycket C-vitamin och även en del socker (upp till 10 %!). Av innerbarken kan man tillverka barkmjöl.
- **Ullig kardborres** rot är rik på kolhydrater.
- Man kan använda **vassens** rötter på samma sätt som kaveldunets och stjälkarna. Vassen lagrar sockerarter i roten.

Att tänka på
Plocka bara växter som du är säker på att du känner igen. Det finns en rad giftiga växter som man ska se upp med:
- **Odört** *(Conium maculatum)* - bladen liknar hundkäx,

men är kala och mörka och hela växten har en kväljande lukt av råtturin.

- **Vildpersilja** *(Aethusa cynapium)* - kan dyka upp som ogräs i trädgårdsland och kan förväxlas med persilja eller hundkäxet, men har annorlunda blomsvepen. Smaken och lukten är obehaglig.
- **Sprängört** *(Cicuta virosa)* - växer vid dyiga stränder, roten har ätits av misstag och även små mängder kan vara farliga.
- **Bolmört** *(Hyoscyamus niger)* - vacker och sällsynt växt som kan dyka upp kring gårdar. Den varnar genom att lukta är illa.

Är Quorn framtidens mat?
Quorn är ett varumärke för köttersättningsprodukter som i huvudsak består av mykoprotein (svampprotein) som framställs av Marlow Foods[80].

Quorn[81] liknar till utseendet och konsistensen kött, men har färre kalorier, lägre fetthalt och mindre kolesterol. Quorn möter flera stora globala trender såsom minskad köttkonsumtion, vegetarianism, hjärthälsa, vikthantering och övervikt. Man gör det möjligt för deras kunder att njuta av mer hälsosamma varianter av sina favoriträtter. Quorn tillverkas genom en jäsningsprocess som liknar den som används vid tillverkning av yoghurt eller jäst i bröd. Quorn tar upp de smaker som används i matlagningen på ett bra sätt, vilket ger smakrika rätter.

De flesta av Quorns produkter innehåller utöver mykoprotein en liten mängd äggvita. En del produkter innehåller även mjölk.

Hösten 2015 lanserades för första gången i Sverige helt veganska Quornprodukter.

Här odlas en skog av mat

SVT berättar om en skogsträdgård och har skogsbrynet som förlaga. Där finns frukt- och nötträd, bärbuskar och ätbara perenner som hosta, malva och daglilja. I projektet, som pågått några år finns det små forskningsträdgårdarna på 13 gårdar från Grängesberg i södra Dalarna till Hörby i Skåne[82].

- *Vi behöver producera mat utan fossil energi i framtiden eftersom det är en ändlig resurs,* säger Johanna Björklund, projektledare vid Örebro Universitet.

Forskningsprojektet kallas *"Hållbar livsmedelsproduktion"* går ut på att undersöka möjligheten att utveckla livsmedelsproduktionen i Sverige som även är bra för miljön. Christina Schaffer och Per Klingberg har en gård norr om Lindesberg och deltar i projektet.

- *Det här är att kasta ut ankaret framåt och testa, kan vi göra så här? Det kommer inte att finnas ett sätt som vi ska försörja oss på när det gäller att producera mat, så vi måste testa flera sätt. Så ser jag det, och det här är ett sätt,* säger Christina Schaffer som själv undervisar på Stockholms Universitet och är aktiv stadsodlare.

Skogsträdgårdarna har anlagts direkt på gräsmattan med tidningar, wellpapp och gödsel ovanpå. Spaden används i möjligaste mån inte alls och täckodling gäller.

- *När jag läste om agroforestry var det här den arbetsfria trädgården och så är de ju inte. Men jag vet inte om jag*

77

tycker att det är önskvärt heller för de är roligt att vara ute, säger Christina Schaffer.

- *Träd, buskar och örter som odlas tillsammans är mycket mer produktiva och de kan bidra med många fler eko- systemtjänster, som till exempel att marken behöver binda kol, eftersom vi har släppt ut så mycket koldioxid,* säger Johanna Björklund.

Sågspån omvandlas till livsmedel

Restprodukter av lant- och skogsbruk som halm, grot eller såg- spån tros kunna omvandlas till värdefulla livsmedel. En grupp forskare från SLU försöker förädla lignocellulosa till värdefulla livsmedelsingredienser genom "*mikrobiell fermentering*".

Forskarna har visat att cellulosa- och hemicellulosafraktionen av lignocellulosa kan omvandlas till olja som kan användas i fisk- foder eller för biodieselproduktion.

Så tänker man sig göra:

- Sockret som är bundet i cellväggarna måste lösas ut ur cellväggarna.
- Därefter fermenteras materialet med speciella jäst- svampar.
- Dessa jästsvampar kan producera stora mängder av lipi- der, upp till 70 procent av deras biomassa när de växer på hydrolysat av trä eller halm.
- Extraktion av oljan från jästcellen är ett problem, men att forskarna kommer att bearbeta detta.

- Därefter görs en extraktion med superkritiskt koldioxid. Därför behövs inga organiska lösningsmedel.

Framtidens mat står på tillväxt under ytan

Alger är nyttiga, proteinrika och miljövänliga. På Västkusten finns Sveriges första farm för stora alger[83].

I rep under bojarna växer sockertång, eller kelp som den också kallas.

- *Vi undersöker om vi kan plocka kemikalier, mat eller ingredienser direkt ur de makroalger, tång, som finns naturligt i våra kustområden,* säger Fredrik Gröndahl, forskare på KTH.

Hundra gram alger ger hela dagsbehovet av Omega-3. De innehåller mycket protein av hög kvalitet, mineraler och även mycket fibrer.

FN:s matorgan, FAO, pekat ut akvatisk odling, vattenbruk som en av vägarna till att producera livsmedel. Globalt är odling av makroalger en storindustri.

Plocka alger för matlagning

- Välj platser som har god vattenomsättning. Plocka aldrig alger i hamnar eller områden med utsläpp av kloak- eller industriavfall. Plocka inte i närheten av kärnkraftverk.
- Använd inte de delar av algerna som har kraftig påväxt av djur.
- Undvik alltid alger som är tunna som hårstrån.

- Plocka aldrig alger i sötvatten, de är oftast olämpliga som föda.
- Skölj alltid algerna i sötvatten före tillagning eller förvaring.
- Om du inte har tid att ta hand om algerna genast bör du förvara dem kallt. Kraftiga alger som bladtång och knöltång håller sig färska i kylskåp i upp till två dagar.
- Tunnbladiga alger som havssallad däremot är mer ömtåliga och klarar högst åtta timmar i kylskåp. De bör därför tas om hand så fort som möjligt[84].

Under havsytan är en relativt outforskad värld av råvaror som gömmer sig. Maneterna upplevs som en blandning mellan brosk och gummi, vilket gör den särskilt lämplig som grytbit eller strimlad i sallader som behöver lite tuggmotstånd.

Det finns redan både kaviar och knäckebröd som framställts på tång och torkade alger att köpa i svenska matbutiker.

I sushi får vi i oss alger via noriblad, de tunna, mörkgröna arken som omsluter fyllningen i sushirullarna. Man försöker med storskalig odling till havs av makroalger, som kan användas till biobränslen, nya material och till mat.

Alger innehåller en rad bra näringsämnen och kan ätas som de är eller användas som nyttig tillsats i livsmedel. Redan i dag finns både kaviar och knäckebröd som framställts på tång.

De marina omega-3-fetterna kommer från små alger som fisken får i sig. Man kan ta genvägen och utnyttja algerna. Algerna har blivit ett allt större fält inom biotekniken, med allt från förnyelsebara bränslen till alternativ till antibiotika och livsmedel. Förhoppningen är att man snart ska kunna starta en produktion av omega-3, ett populärt kosttillskott[85].

Andra råvaror

Fiskbajs

Fisk och grönsaker kan odlas i slutna system som inte förorenar miljön. Tekniken används bland annat i jordens mest tätbefolkade område.

Om fisk odlas i ett system av spirande växter omvandlas fiskarnas avföring till mat. Tekniken, som kallas akvaponik, är en kombination av fisk- och växtodling.

Systemet fungerar på så sätt att fiskar eller kräftdjur hålls i en bassäng. Bakterier bryter ner avföringen till ämnen som ger näring åt jordfria växter.

Ett system i familjestorlek kostar 30 000 kronor och ger 100 kg fisk och 2 000 kg grönsaker om året. Elförbrukningen är minimal[86].

Processen sker i fyra steg.
1. Odlingstank till ätlig fisk, exempelvis tilapior eller malar
2. Utfällningstank i vilken utvalda bakterier bryter ner avföring och matrester till näring.
3. Grönsakerna, som växer utan jord, tar upp näringen direkt ur vattnet.
4. En sumptank från vilken det nu rena vattnet pumpas tillbaka till fiskarna.

Sopor

Sopköket lagar skolmat på varor som annars skulle slängas. Varje år slänger matbutiker tusentals ton mat, som egentligen går bra att äta.

När mat slängs kallas det för matsvinn. I stället för att butikerna slänger maten, ger dem det till Sopköket som gör skolmat på den.

- *Det skulle vara ganska synd om maten bara slängdes. Den här maten smakar bättre än den vanliga skolmaten*, säger Vasse, som går i sjuan.

Att ätbar mat som slängs är ett stort miljöproblem. När mat kastas har allt som krävdes för att producera och transportera maten gjorts i onödan. I matbutiker är mellan 30 och 60 procent matsvinn, sådant som skulle ha gått att äta. Att laga mat på sådant som annars skulle slängas är alltså bra för miljön. Sopkökets projekt i Husby minskar matsvinnet med 3 700 kilo mat.

- *Väldigt mycket mat slängs i världen i dag, en tredjedel av allt som produceras. Det är väldigt dåligt och vi vill ta vara på sådant som går att äta. Grönsaker med lite skavanker går precis lika bra att äta*, säger Filip Lundin, grundare till Sopköket.

Att sopkökets mat är lagad på sådant som annars skulle kastas tänker eleverna inte alls på.

- *När maten bara är lite över tiden kan man fortfarande äta den. Det är dumt om den slängs, jag tycker de gör jättebra skolmat. Man känner att det är bra kvalitet*, säger en annan elev.

Matrester

Lantbrukets matrester, djurspillning och annat organiskt avfall kan bli till högvärdigt djurfoder. Huvudrollen i projektet spelas av tusentals fluglarver[87].

Huvudrollen i projektet spelas av den svarta vapenflugans larver, som blandas med matrester eller annat organiskt material. Tillsammans med bakterier och svampar bryter sedan larverna ner avfallet. Det hela går förhållandevis fort.

Över en helg är det inte omöjligt att de har växt 37 gånger sin egen vikt. När larverna växer tar de upp aminosyror och bildar proteiner och fetter och snart är de riktiga energibomber.

I full skala tror man att man kan behandla minst 1 – 3 ton avfall om dagen, vilket ungefär motsvarar ett stort lantbruk.

Ett sådant system där organiskt avfall blir till foder skulle även innebära en betydande miljövinst globalt.

Organiskt material i utvecklingsländer hamnar ofta på avfallsdeponier där de ger upphov till en stor mängd växthusgaser.

Fågelfjädrar

I dag slängs det mesta av fjädrarna från fågelindustrin och därmed dumpas också en stor mängd proteiner, som i stället kunde komma till nytta. I hela Europa handlar det varje år om över tre miljoner ton fjädrar.

Vid Lunds tekniska högskola, LTH, arbetar man med att en del av fjädrarna i stället omvandlas till mat. I första hand till djurfoder, men i framtiden kanske även till näring för människor[88].

I djurfoder kan proteiner från fågelfjädrar ersätta fiskmjöl och sojaproteiner, berättar Mohammed Ibrahim, teknisk chef på det avknoppade företaget Bioextrax.

- *Vi vill använda ett avfall och omvandla det till en värdefull produkt*, säger Mohammed Ibrahim.

Metoden går ut på att mikroorganismer bryter ned proteinerna i fjädrarna till aminosyror som är mer lättsmälta.

- *Vi hämtade prov på många ställen. Men det som visade sig vara det bästa kom från min mammas kycklingfarm i Egypten*, säger Mohammed Ibrahim.

Fjädrar läggs i en behållare med vatten och salt. Sedan tillsätts mikroorganismerna. Resultatet blir en smet, eller en slags vätska, som sedan kan användas som proteinkälla.

- *Vi vill förädla produkten, och ta fram olika grader av renhet i produkten, som passar olika ändamål.*

Förra året föddes 98 miljoner kycklingar upp i Sverige, och drygt en halv miljon kalkoner. Trenden är att konsumtionen av kyckling och kalkon ökar.

Fermenterad mat

Fermenterad mat, som koreansk inlagd kål Kimchi är på frammarsch. Detta är en traditionell koreansk fermenterad rätt som ofta baseras på kinakål (kallas även salladskål). Kimchi är Koreas nationalrätt.

Mattips

Plocka och ät vild mat

Det finns många skäl att plocka sin mat ute i det vilda. Att plocka vild mat är en bra motiv för att gå ut och njuta av naturen[89].

Det är "*ekologiskt*" i sin mest ursprungliga betydelse. Det vilda gröna växer utan annan energi än solen själv och är dessutom ofta nyttigt.

Vad kan och får man plocka?

Det finns mängder med grönsaker som skott, blad, knoppar som är goda att äta, men som sällan plockas. Kom ihåg att allemansrätten inte gäller granskott. Man måste fråga den som äger träden om man får plocka skotten på granarna.

Granens skott är rika på C-vitamin och mineraler. Det finns en rad olika recept på hur man kan tillaga granskott:

- Syltade i olja, i sillinläggning, smörstekta, som krydda i snaps, i sallad, pesto eller tomatsalsa.
- En jättegod sirap. Till den behövs, förutom granskott, socker och citron.

Fler ätbara blommor och blad

- Syrenblommor kan få en ny plats i safttillbringaren
- De järnrika nässlorna i soppan kan hjälpa upp blodvärdet.

Framtidens drycker[90]

Mjölk med eukalyptussmak och mjölkdrink med örter som förbättrar minnet är två tänkbara nykomlingar i framtiden tror

Ingela Stenson, chef för Mjölkfrämjandet. Hon tror på en explosion när det gäller utbudet av drycker.

- *Det finns ett nyvaket intresse för nordisk mat, som kommer att öka. Ät-där-du-står-trenden breder ut sig, samtidigt som vi vill äta länge när vi väl är tillsammans med våra nära och kära.*

Kolsyrad mjölk, mjölkliknande drycker gjorda på insekter, ärter eller hampa.

Komjölk – utan ko[91]

Ur rapporten *"Mjölkprodukter och vegetabiliska alternativ till mjölkprodukter – miljö, klimat och hälsa"* hämtar vi några intressanta jämförelser mellan animalisk mjölk och olika alternativa mjölkvarianter.

Det finns vegetabiliska alternativ till yoghurt och andra fermenterade mjölkprodukter samt till matlagningsgrädde, crème fraiche, vispgrädde, yoghurt och ost. Dessa har samma användningsområden som motsvarande produkter som är tillverkade av komjölk.

En vetenskaplig analys av fysikaliska skillnader (separering, sedimentering, viskositet och fettavskiljning) mellan mjölk och växtbaserade alternativ visade att komjölken hade avsevärt bättre egenskaper.

I livsmedelsbutikerna är de vegetabiliska alternativen avsevärt dyrare än mjölk.

- Standardmjölk   12 kr

- Havredryck   20 kr
- Cashewnötsdryck   21 kr
- Risdryck   26 kr
- Sojadryck   27 kr
- Kokosdryck   28 kr
- Mandeldryck   30 kr
- Hasselnötsdryck   40 kr

Ett företag i USA jobbar på att ta fram en typ av mikroflora som kan producera mjölkproteinet kasein och vassle.

Sedan skapar socker äkta mjölkprotein – men utan hjälp av en enda ko.

Insektsdryck
Sydafrika Gourmet Grubb har sedan 2017 serverat glass gjord på *"entomjölk"*, en insektsdryck framställd på svart soldatfluga, även kallad amerikansk vapenfluga.

Glassen innehåller hälsosamma fetter och rå honung och kan användas som sötningsmedel. Enligt egen utsago har den ett högre proteinvärde än komjölk och innehåller även aminosyror, mineraler och vitaminer.

Kolsyrad mjölk
Senast 2020 ska ARLA lansera en kolsyrad mjölk- och fruktdryck, en mjölkdryck med te samt en proteinrik energidryck.

Dryck på ärtprotein
Dryck på ärtprotein innehåller protein och aminosyror och

har tillsatt kalcium och D-vitamin och kan också förvaras i rumstemperatur.

Amerikanska företaget Ripple Foods har tagit ett steg till och erbjuder, förutom naturell ärtdryck, en smaksättning med vanilj och choklad. Drycken består av ärtprotein, solrosolja, ekologisk rörsocker, algolja, vitaminer och mineraler.

Sojadryck

Sojadryck innehåller ungefär lika mycket protein som komjölk, men ytterst små mängder mättat fett och inget kolesterol.

Havredryck

Havredryck har blivit stort världen över. Havredryck baseras på havre, rapsolja, vatten samt tillsatta vitaminer och mineraler.

Risdryck

Risdryck är sötare än komjölk och tillverkas av fermenterat ris och vatten. Innehåller lite protein och mycket kolhydrater.

Mandeldryck

Du kan göra egen mandeldryck, men den blir väldigt näringsfattig. I handeln finns gott om mandeldrycksalternativ.

Hasselnötsdryck

Hasselnötsdryck ger en nötig smak och passar bra i bland annat kaffe. Den är kalori- och fettsnål.

Cashewdryck

Cashewdryck går bra att göra själv genom att mixa Cashewnötter och vatten. Annars finns den färdig att köpa, bland annat

Lantmännens varumärke GoGreen.

Pistagedryck

Genom att mixa blötlagda pistagenötter och vatten kan man göra sin egen pistagedryck. Pistagedryck finns inte som färdig produkt på den svenska marknaden.

Linfrödryck

Linfrödryck innehåller nyttiga och bra näringsämnen men de innehåller även ämnen som i kroppen kan bilda vätecyanid, blåsyra. Alltså giftigt vid för stort intag. En matsked per dag sägs vara okej.

Quinoadryck

Quinoadryck har ett högt näringsvärde och innehåller kostfiber, protein och vitaminer och mineraler. Ett bra vegetabiliskt alternativ för de som vill undvika laktos, gluten, soja och nötter.

Hampadryck

Att göra egen dryck på hampafrö är ingen större utmaning.

Dinkeldryck

Det finns återförsäljare i Sverige som säljer drycken på nätet. Drycken innehåller vatten, spelt och kallpressad solrosolja.

Framtidens mat finns i havet

Sverige har en lång kust med många lämpliga platser för vattenbruk. Från odlingen av matfisk kommer nästan hälften av all fisk och alla skaldjur vi äter från odlingar. I Asien sker nittio procent av produktionen och där finns den största marknaden[92].

I den kraftigt övergödda Östersjön kan vattenbruk vara direkt olämpligt.

- *Generellt kan man producera djurprotein effektivare i vattenbruk än på land, bland annat tack vare att vattenorganismer är kallblodiga och inte behöver investera energi i stödjande strukturer,* säger Max Troell, docent i systemekologi, som forskar om hållbarhetsaspekter av globalt vattenbruk vid Beijerinstitutet och Stockholms universitet.

Odling av t.ex lax kräver dock mycket stora resurser. De matas med fiskmjöl och fiskolja gjord av vildfångad fisk, som i många fall hade kunnat användas direkt som människoföda.

Numera kan laxen delvis odlas med vegetabilier. En vision är att använda mikrober, uppfödda på restprodukter från pappersmassaindustrin.

I Sverige är det bara hälften som direkt blir mat. Vi vill ha filén och den utgör bara ungefär hälften av fiskens vikt.

- *Av skinnet kan man göra gelatin. Det används redan av personer som håller på kosherregler eller av olika anledningar inte vill äta kött. I Asien används fiskmagar och simblåsor som ingrediens i soppa, i Norge äter man torsktunga och torskkind som delikatess. Men i Sverige är vi väldigt konservativa i vårt fiskätande, vilket innebär ett enormt underutnyttjande av de akvatiska råvarorna,* säger Ingrid Undeland, biträdande professor i livsmedelsvetenskap vid Chalmers tekniska högskola, som forskar om hur vi kan utnyttja havets råvaror bättre.

Det finns också goda förutsättningar för odling av musslor. Odling av musslor har en stark ställning när det gäller hållbart vattenbruk. De livnär sig på partiklar och plankton genom att filtrera vattnet, och behöver inte matas med foder.

En miljövårdinsats kan vara att odla alger, som kan samla in tungmetaller som släppts ut i naturen och hamnat i havet. Illaluktande trådiga rödalger kan plockas upp från stränderna och omvandlas till biogas.

Hundra gram alger
- tillgodoses dagsbehovet av Omega-3
- innehåller mycket protein av hög kvalitet,
- innehåller mineraler och mycket fibrer[93].

Man förutser också andra motiv för algodling, vilken kan producera biobränslen, jordförbättringsmedel, mediciner, värdefulla kemikalier, biobaserade plaster mm.

Odling i slutna ekosystem är ett alternativ som kan eliminera läckage av näringsämnen och kemikalier och oönskad blandning med naturliga populationer[94].

Fisk och skaldjur är både energieffektiva och nyttiga livsmedel och är med sin årsproduktion av cirka 150 miljoner ton en viktig resurserna för att livnära världens växande befolkning. För över en miljard människor utgör de den primära proteinkällan.

Affärsmagasinet Forum skriver[95]
Köttkonsumtionen ökar. Svenska årsgenomsnittet per person var

- 20 kg 1990
- 50 kg 2016
- beräknas bli 80 kg inom tjugo år.

I USA äter man idag 120 kg, i utvecklingsländer 25 kg. Produktion av nötkött kräver stor betes- eller foderodlingsareal och konsumerar betydande volymer vatten. Boskapsuppfödning står för 18 procent av växthusgaserna.

Ökad efterfrågan och stigande produktionskostnader höjer priserna, som i flera länder väntas fördubblas inom fem år. Kött blir en lyx, inte basnäring. Det förutsätter ersättande proteinkällor.

Det förefaller märkligt att vi har ökat vår köttkonsumtion från 20 till 50 kg per personer bara under en period på 26 år. 50 kg per person och år innebär 1 kg i veckan!!!

Utanför Europa är insekter på tallriken inte ovanligt, men enligt EU:s regler så räknas insekter som ett nytt livsmedel och måste därför godkännas av EU-kommissionen. Det har ännu inte skett.

Det är inte så enkelt som man kan tro att introducera ett nytt livsmedel från en ny råvara.

FN:s mat och jordbruksorganisation FAO vill att vi ökar vårt intresse för insekter som en ny form av mat för en hungrig värld. Insekter har förutom högt näringsvärde också högt innehåll av både proteiner, fetter och mineraler. Man har underskattat det värde som gräshoppor, myror och andra invånare i insektvärlden kan ha för människor, husdjur och boskap. Skalbaggar, larver och getingar skulle kunna utgöra tilläggsföda för miljontals människor globalt. Insekter finns överallt och de både växer och reproducerar sig snabbt[96].

Svensken äter väldigt mycket kött. Men det märkts en minskning och en Sifo-undersökning visar att drygt var femte svensk säger att de äter mindre kött för att minska sin egen klimatpåverkan[97].

Om vi västerlänningar kunde acceptera insekter som en naturlig del av vår diet, så skulle våra möjligheter att försörja jordens växande befolkning öka markant.

- *För att ta till oss ny mat krävs det att den liknar något vi redan äter. När kinamaten introducerades i Sverige var det i en form som påminner om kalops i både konsistens och utseende*, säger Rickard Tellström, lektor i måltidskunskap.

Vi måste finna nya proteinkällor för att jordens resurser ska räcka.

Insekter är rika på näringsämnen. Om man torkar dem kan proteininnehållet uppgå till 60 procent av totalvikten. Det kan jämföras med en vanlig biff som har ett proteininnehåll på ungefär 22 procent. Även insektsägg och puppor innehåller stora mängder lättsmält protein.

Mikroorganismer
Solljus och koldioxid blir mat, oljor och biomaterial med mikroorganismer som mellanhand[98].

Mikroorganismer är mellanprodukten när solljus blir värdefull materia! Detta kallas disruptiv teknologi. Ett totalt paradigmskifte.

I en värld som redan dignar under miljöproblem, vattenbrist och hotande klimatförändringar – börjar de mest innovativa finna sätt att utnyttja mikroorganismernas potential.

Mikroorganismer kan tillverka mat, bränsle, mediciner, plast och textilfibrer ur värdelöst avfall eller luftens gaser med solen som energikälla!

Vi bevittnar dagligen tillverkningen av kolhydrater och cellulosa ur koldioxid och vatten, drivet av solens ljus, i varje grön växt på jorden – i fotosyntesen.

Växter har dessutom förmågan att tillverka mängder av unika organiska ämnen.

Allt det som växter gör när de binder solenergi i materia är till stor nytta för människor – och inte minst en förutsättning för en betydande del av livet på jorden.

Mikroorganismer kan tillverka det mesta som människor säger åt dem att tillverka i stor mängd och utan att behöva bevattning eller odlingsjord. Råvarorna och energikällan finns tillgängliga i ett aldrig sinande överflöd.

Det är redan möjligt att tillverka protein, fett och kolhydrater på detta sätt.

Maten från havet ska odlas på land

Hälften av alla skaldjur och alla fiskar som vi äter är odlade. Svenska forskare utvecklar därför ett system där odlingen sker i stora bassänger på land[99].

Att odla fisk, skaldjur, musslor och vattenväxter kallas akvakultur eller vattenbruk. Det är det snabbast växande området inom livsmedelsproduktionen. Havens naturliga resurser kan inte möta efterfrågan från jordens växande befolkning.

Dock kan fiskodlingar i hav och sjöar orsaka lokala övergödningseffekter, eftersom foderrester och fekalier ansamlas på förhållandevis små ytor.

Ett problem är att fodret som används inom vattenbruket ofta innehåller mindre fiskarter som inte betraktas som mat i världens rikare länder, men som ofta äts i utvecklingsländer.

Vattenbruket medför alltså att utarmningen av havens resurser sprids neråt i näringskedjorna. Fisket hotar nu arter på alla nivåer i näringsväven, inte bara de stora matfiskarna i toppen av näringskedjorna, som lax och torsk.

Odlingar

Vegbiffar fyllda med vegetariskt blod

Företaget Impossible Foods i USA har utvecklat en växtbaserad färsbiff som innehåller en av de viktigaste smakgivarna från riktigt kött – blod. Heme kallas en hemliga ingrediens som lurar oss att tro att det är animaliskt kött. Heme ingår i kroppens blodtransporterande protein hemoglobin, men forskarna har hittat en metod som gör det möjligt att skapa vegetariskt heme från sojabönor.

Ärter blir till trådiga kycklingstrimlor

Företaget Beyond Meat har skapat en vegetabilisk produkt som liknar kycklingköttets trådiga textur. Proteinerna utvinns från ärtväxter och därefter tillförs andra torkade växtdelar, exempelvis fett i form av växtolja[100].

Färs odlas i stora tankar

Den nederländske forskaren Mark Post vid universitetet i Maastricht har utvecklat tekniken att odla nötkött i petriskålar med muskelstamceller från kor.

Utsläppen vid produktion av livsmedel kan minska men går inte att undvika helt. Beräkning har gjorts som visar att utsläppen av växthusgaser skulle kunna minska med 30 procent till 2050, även om vi då producerar lika mycket som idag.

Tekniken gör det möjligt att odla i källaren

Du kan odla blomkål i en källare eller ett gammalt garage med LED-ljus. Du kan styra vilken färg de ska få, hur de ska smaka och ge dem nytt näringsinnehåll. Detta hyperekologiskt system kan finnas var som helst. På så sätt går det att radikalt minska mattransporterna i städerna.

Producera näring utan jordbruk

Det behövs endast solenergi, väte och koldioxid när finska forskare producerar näring utan jordbruk.

Den nya metoden går via encelliga organismerna till att tillverka mat åt människor och foder till djur.

Man hoppas att den nya metoden ska producera näring, som kan användas för att bekämpa hungersnöd i utsatta områden. Eftersom alla råvaror tas ur luften är produktionen varken beroende av åkermark eller jordmånens kvalitet. I encelliga organismer är det vanligt att hälften består av enbart protein och 20 procent av kolhydrater.

Slutprodukten är "mycket lik" quorn, som är ett encelligt protein som framställs med råvaran socker.

Cellbaserat kött

Laboratorieodlat kött har väckt stor uppmärksamhet under året. Agfo summerar intervjuer och spaningar i ämnet[101].

Hotas djurproduktionen att bli utkonkurrerat av odlat? Förmodligen inte, men den har sin roll att fylla. Det menar forskaren Julie Gold vid Chalmers tekniska högskola.

När man tog fram de första köttbitarna 2013 av Mosa Meat kostade en hamburgare svindlande 2,5 miljoner kronor. I dag beräknas kostnaden vara nere på motsvarande 50 000 kronor.
- Vad hejdar utvecklingen?
- *Man vet inte vilken cell som är bäst och mest effektiv att använda. Man måste hitta en bra och hållbar mat för att ge cellerna,* förklarar Julie Gold.

Så här gör man idag. Man tar ett cellprov från ett djur. För att cellerna ska kunna dela sig och växa krävs föda, och som föda tillförs blod från kalvfoster eller kycklingar. Serumet innehåller en cocktail av proteiner som behövs för att celler ska växa.

Men serumet är dyrt och en liter kan kosta runt tusen kronor och för att odla kött krävs många liter. Av etiska skäl vill forskare gå ifrån att använda det.

- Hur ser framtiden ut för odlat kött?
- *Ingen forskare tror att odlat kött ersätter dagens kött-produktion till 100 procent. Vissa tror att det blir en lyx-produkt för rika människor som med bättre produktion till slut finns även som en vanlig korv,* säger Julie Gold.
- Kan en lantbrukare med djuruppfödning på något sätt gagnas av utvecklingen inom odlat kött?
- *För en lantbrukare hade det här kunnat betyda att man inte behöver slakta kossan, utan sadlar om och odlar i en bioreaktor,* säger Julie Gold.

Men kanske är odlat kött en del av framtiden ändå? Eller handlar det snarare om olika typer av *"fake meat"*?

Odlat kött väcker nya etiska frågor

Kött producerat utan inhuman djuruppfödning lyfter gärna fram laboratorieodlat kött som en väg till en mer hållbar värld[102].

Det är snart sex år sedan den holländske forskaren Mark Post presenterade världens första cellodlade hamburgare. Sedan dess har ytterligare ett antal prototyper på köttprodukter, som inte kommer från djur, visats upp, bland annat köttbullar och kycklinglever.

Trots att produkterna ännu inte nått konsumenterna är förhoppningarna på det odlade köttet stora i den teknikoptimistiska biotechbranschen.

Matsvinn

Matspill definieras som den mat som kastas bort, trots att den är ätlig för människor. Det kan vara rester från middagsbordet eller också den sista skvätten yoghurt, som inte går att få ut ur förpackningen[103].

Medan delar av jordens befolkning svälter, slänger vi fullt ätbar mat. Matsvinn påverkar både miljö och samhällsekonomi. För att minska mängderna mat som slängs är det viktigt att fler blir medvetna om konsekvenserna det medför.

Naturvårdsverket samarbetar med Livsmedelsverket och Jordbruksverket för att minska matsvinnet. Bakgrunden är att den svenska livsmedelshanteringen svarar för en stor del av vår totala påverkan på miljön:

- Den svenska livsmedelshanteringen står till exempel för cirka 50 procent av vår totala övergödning.
- Livsmedelsproduktionen ger också upphov till spridning av gifter som bekämpningsmedel.
- Livsmedelssektorn är en av de mest vattenkrävande sektorerna.

Matavfall

Enklast utan några uppoffringar skulle vi kunna öka tillgången på mat genom att minska det som slängs i sopor och avlopp. Vi

slänger varje år 54 kilo mat och dryck per person, vilket mots-
varar cirka ett kilo i veckan. Allra mest mat slängs hemma. Ex-
empel på onödigt avfall, eller svinn, är matrester från måltider
eller bröd och frukt som går att äta. Det finns naturligtvis också
matavfall som inte kan undvikas och som slängs i hemmen[104].

Det beror på olika slags hushåll i hur mycket mat och dryck som
hälls i avloppet per person och år.

Matavfall i Sverige kommer från olika källor (2012):

	Kg, per person och år
Hushåll	28
Restaurang	9
Handel	7
Storkök	3

Miljoner ton mat kastas i soporna

25 procent av den totala klimatpåverkan kommer från livsme-
delsproduktionen. Den mat vi kastar bidrar med 1.9 miljoner
ton koldioxid per år till atmosfären, lika mycket som utsläppen
från 700 000 bilar. Ett stort resursslöseri helt i onödan.

Vi kastar främst:

- Mat med utgången bäst föremärkning.
- Överbliven mat
- Frukt och grönsaker.
- Pasta och ris, mjölk, fil och yoghurt.

Hur ska vi göra?

- Lukta och smaka. Vi måste lita till våra sinnen
  och lukta och smaka på maten.

- Ägg håller i regel två månader i kylen.
- Rätt förvaring I kylskåpet förlänger hållbarheten med flera dagar om temperaturen skruvas ner till sex grader. Hållbarhetstiden beräknas på åtta grader.

En tvåbarnsfamilj kan spara 7 000 kronor om året på att inte kasta mat i onödan[105].

Så mycket kastar vi[106]

Stora delar av jordens dyrbara mat slutar som sopor. Spillet sker på många olika nivåer och har dessutom konsekvenser för det globala klimatet men även för lokalsamhället och för den enskilde konsumentens plånbok.

Vi har även det dolda matsvinnet, som omfattar grödor och djur, som kunde ha blivit till människoföda, om de behandlats eller utnyttjats optimalt genom hela kedjan från producent till butik och konsumentens bord.

Visste du att ...
... 24 % av alla kalorier i världen slutar som matspill?
... att Italiens årliga matspill skulle kunna mätta Etiopiens undernärda befolkning.
... Frankrikes årliga matspill skulle kunna mätta hela Demokratiska republiken Kongo.
... EU-länderna kastar årligen tre miljoner ton bröd – det motsvarar hela Spaniens förbrukning av bröd[107].

Guiden "Kasta mindre mat" har getts ut av Nordiska ministerrådet med praktiska tips om hur storhushåll som hotellkedjor, restauranger, matsalar med mera kan förebygga och reducera matsvinn.

Matsvinn ger dåligt samvete

Många svenskar får dåligt samvete när de slänger mat när före-datumet har passerats[108].

- Det här sker helt i onödan. Mat som ris, olivolja eller müsli blir inte dålig bara för att bäst före-datumet har passerat, säger Matsmarts vd Karl Andersson i ett press-meddelande.

En stor del, 30 procent av de 1 000 telefonintervjuade svens-karna, svarar att de slänger mat i enlighet med datumet som står på förpackningen. Resten uppger att det ger dem dåligt samvete.

Vi slänger årligen 1,3 miljoner ton mat, enligt Naturvårdsverket. Det motsvarar 134 kilo per person.

Så kan matsvinn minskas

KTH-forskare har genomfört en studie och föreslår en rad åtgärder för att minska matsvinnet. Det handlar om att påverka konsumenters beteende.

Exempel[109]:

- Ge gäster mindre tallrikar när de äter på restaurang.
- Det finns appar och andra hjälpmedel som hjälper män-niskor kan hålla reda på vad de har hemma så de inte behöver köpa ny mat i onödan.
- Appar som gör att de kan dela överbliven mat.
- Privatpersoner kan också uppmuntras till inköp av mat som närmar sig bäst föredatum.

Det är vanligt att en forskare föreslår mer forskning – i detta fall om hur individen och den omgivande samhällsstrukturen kan samverka för att minska matsvinnet samt behov av utvärdering med större grupper av hushåll än vad som gjorts hittills.

Matsvinnsvärstingar identifierade.
Idag kostar matsvinnet samhället stora förluster av såväl jordens resurser som ekonomi. Med en ökande befolkning måste alla aktörer i samhället bli bättre på att hantera livsmedel för att minska mängderna som slängs[110].

Sju frukt- och grönsakssorter står för nästan hälften av allt matsvinn i butik. och därför finns det en stor potential om arbetet med minskat svinn kan fokuseras runt dessa produkter.

De sju produkterna är banan, äpple, tomat, sallad, paprika, päron och vindruvor[111].

Bananen hamnade i topp för både mängd och klimatpåverkan. Banansvinnet motsvarade nästan 10 procent av den totala svinnmängden. Den största ekonomiska kostnaden stod salladen för. Äpple hade den näst största svinnmängden[112].

Kostnaderna för svinnet fördelar sig enligt följande:
- Förlust av produkter   85 %
- Avfallshanteringen (tömning och bortforslande)   6 %
- Arbetstid för att ta bort produkter från hyllor, registrera svinn och slänga produkter   9 %

Onödigt stor miljöbelastning

Matavfall uppkommer i flera olika led i livsmedelskedjan; vid tillverkning, hos grossister, leverantörer, butiker, restauranger och storkök samt hos hushållen. Beroende på produkt varierar svinnet mellan 10 och 50 procent i hela kedjan. Det motsvarar cirka 74 kilo per person och år eller 0,8 kilo matavfall för en familj på fyra personer varje dag. Kartläggningen har gjorts av SMED och inkluderar inte mat och dryck som hälls ut i avloppet.

Det är skillnad mellan olika slags hushåll hur mycket mat och dryck som hälls i avloppet per person och år[113]:

- Enpersoners hushåll   32 kg
- Tvåpersoners hushåll   26 kg
- Trepersoners hushåll   27 kg
- Fyrapersoners hushåll   24 kg
- Fempersoners hushåll   15 kg

I livsmedelsindustrin kan skadade råvaror, byte av produkt i en produktionslinje eller fel i produktionen vara orsaken till matsvinnet.

I restauranger uppkommer svinn både vid beredning i köket och vid servering. Man vet inte hur många gäster som kommer och därmed svårigheter att förbereda rätt mängd mat. Det är särskilt stor risk för matsvinn vid självservering från bufféer. Det är också svårt att upprätthålla rutiner för att minska svinnet med hög personalomsättning och många anställda. Svinnet i storkök och skolkök beror ofta på att för många portioner tillagas. Man tillagar lite över det beräknade behovet för att inte riskera att någon rätt ska ta slut.

Inom hushållen handlar det i hög grad om konsumtionsmönster, beteende och attityder. Brist på tid och intresse för att engagera sig i matlagning.

Detta medför ökad risk för svinn då man köper livsmedel...
... som hinner bli för gamla.
... där bäst före dag feltolkas.
... att alla delar av råvarorna eller resterna inte
tas tillvara.
... där förpackningar inte töms ordentligt.

Sopdykning, friganism och dumpstring

Sopdykning är som namnet säger personer som letar i sopcontainer efter ätbar mat.

Friganism är en alternativ livsstil som *"bygger på avståndstagande från konsumism och som innefattar minsta möjliga deltagande i den konventionella ekonomin och minimal konsumtion av resurser"*.

Ett inslag i friganism är att ta till vara slängda matvaror, som har passerat sitt utsatta bäst-före-datum eller av annan anledning har kasserats, men som av friganerna ändå anses ätbara. Denna typ av matvaror finns framför allt i soptunnor eller containrar vid mataffärer, och då framför allt i form av obrutna förpackningar som nyligen slängts. Ett annat namn är *"containerdykning"*. Friganer uppger sig samla mat på detta sätt som ett avsiktligt val och en politisk protesthandling, snarare än av ekonomiskt nödtvång, vilket kan vara fallet vid hemlöshet[114].

Dumpstraren är en person som tar hand om saker som har kastats, ofta i containrar utanför matbutiker. Men det kan också vara saker i vanliga soprum.

Alla butiker som säljer mat slänger också mat till och med i stora mängder. Man slänger allt ifrån buckliga konservburkar, en kartong med ägg där ett ägg spruckit, trötta grönsaker, kött och bröd. Men mest slängs grönsaker och frukt. De flesta kunder tittar på bäst-före-datumet hellre än att faktiskt titta på maten.

Ofta har butikspersonalen gått runt i butiken med en sopsäck och slängt vad det nu är de vill slänga i den. Sedan slänger de hela sopsäcken i en container på baksidan av butiken. Hittar du sådana sopsäckar har du tur! Man kan hitta allt möjligt bra i dem.

Vissa särskilt bra produkter:
- Konserver, kan vara buckliga och sakna etikett, men så länge förpackningen är obruten är innehållet sterilt.
- Mejeriprodukter, kan visserligen härskna, men så länge de smakar bra är de bra.
- Ost, kan mögla, men möglet sprider sig inte. Skär bort mögliga delar, resten ska vara ok.
- Grönsaker, slängs ofta bara för att utseendet inte är perfekt.
- Frukt, blir ofta mjuk och ruttnar/möglar men det mesta är fullt ätbart.
- Mango, är en favorit! Man kan ofta hitta perfekt mogen

mango, bara att skölja av och njuta!

- Citrusfrukter, säljs ofta i nät. Om en frukt i nätet blir dålig slängs alla.
- Körsbärstomater, säljs i små plastkorgar. När en tomat är dålig slängs hela korgen.
- Meloner, kan vara mjuka och dåliga på en sida. Skär bort det dåliga och njut av resten.
- Bananer, mängder av bananer slängs bara för att folk verkar föredra omogna bananer.
- Rädisor, slängs när blasten vissnat.
- Ett sprucket ägg och sexpacket slängs fem ägg till dig!
- Kaffe, så länge vakuumförpackningen är intakt är kaffet som nytt.
- Ät inget som luktar eller smakar konstigt!
- Kyl maten så snabbt som möjligt.

Mat produceras på andra sidan klotet, fraktas hit och slängs sedan. Vissa varor har tagits in i för stora partier och frukt och grönsaker slängs på grund av små skönhetsfel. Det de har gemensamt är att de inte slängs för att maten är oätlig eller ens dålig. Butiker får enligt lag sälja varor som passerat bäst-före-datum men gör det sällan eftersom det inte ser bra ut i kundernas ögon.

Livsmedelsverket publicerade en studie i februari 2014 där man bland annat kom fram till att kunskapen om hur mycket mat vi slänger själva på konsumentsidan generellt är låg. Yngre människor visar större ovilja att äta mat som passerat bäst-före-datum än äldre.

En del dumstrare har nästan helt slutat köpa mat och istället lever av den mat som de stora matbutikerna slängt.

De vittjar containrar utanför de stora matbutikerna nattetid på jakt efter ätbar mat som slängts.

Det politiskt motiverade sopdykandet är en i-landsföreteelse, och de flesta dumpstrare verkar vara unga människor. Unga idealister, men även småbarnsföräldrar.

Det är viktigt att göra skillnad mellan personer som letar mat bland sopor för att de måste av ekonomiska skäl, och de politiskt motiverade dumpstrare för vilka den ekonomiska vinningen på ett personligt plan är en positiv bieffekt. Det finns också en klassmässig aspekt: det är inte alla som har råd att tala öppet, med stolthet, om att de hittar sin mat i soporna utan rädsla att förlora sitt anseende.

Butikerna tar in mat i överflöd för att allt hela tiden ska se snyggt och fräscht ut, och ansvaret ligger också på oss som individer som tar matöverflödet för givet.

Många som vill men inte vågar sopdyka är nervösa över de rena hälsoaspekterna, för bortsett från att mycket av det som slängs felaktigt anses vara utgånget finns det också säkerhetsaspekter. Vissa butiksägare har visat särskild hänsynslöshet och gör sitt bästa för att förstöra den mat som slängs i öppna containrar.

En tidning rapporterade om hur en anställd på danska Netto satt upp en lapp vid butikens containrar med texten *"Hoppas din mat smakar gott, särskilt som jag har kissat i containern varje dag de senaste två veckorna"*.

Vid en annan dansk butik ska man ha hällt klorin över den slängda maten för att motarbeta sopdykare.

En student berättade att hon under åtta månader dumpstrade en gång i veckan och levde nästan uteslutande på den mat hon hittade. Enligt henne är dumpstring viktigt eftersom det väcker en debatt kring mathanteringen, och att man gör en insats för miljön genom att ta tillvara på det som annars slängs – dessutom sparar man pengar.

Det är dock ett större projekt att dumpstra än att bara gå till affären och handla, och det kräver att man är ute sent på kvällarna när butikerna har stängt eftersom de ofta inte är särskilt förtjusta i sopdykare.

Många som dumpstrar vill inte skylta med det eftersom det inte alltid mottas väl.

Man kan tycka att butikerna borde skänka mat som inte anses *"fin nog"* till hjälporganisationer.

Sommaren 2013 öppnade restaurangen Rub & Stub i Köpenhamn i syftet att ta tillvara på mat som av olika skäl ratas av matindustrin. De flesta av Rub & Stubs medarbetare arbetar gratis av ideella skäl, restaurangen är en del av välgörenhetsorganisationen RETRO Association och alla intäkter går till deras utvecklingsprojekt i Sierra Leone.

Svenska folket om matsvinn 2010 vs 2015

Siffror från Naturvårdsverket (dec 2015) visar att butiker, restauranger och hushåll slänger allt mindre mat. Men rädslan att bli sjuk av mat med passerat datum kvarstår[115].

- En av fyra (27 procent) uppger att de är noggranna med att inte äta mat vars bäst-före-dag har passerat. Det är nästan exakt lika många som för fem år sedan (26 procent).
- Och mer än hälften (53 procent) uppger att det är rädslan att bli sjuk som ligger bakom.
- 90 procent säger "Ja, jag har minskat matsvinnet" (2009 vs 2015).
- 35 procent fler tycker att miljön är ett viktigt skäl för att minska matsvinnet.
- Drygt hälften skulle slänga mindre om de blev bättre på att hantera rester och planera inköp.

Det är så illa att en tredjedel av all den mat som årligen produceras globalt hamnar i soptunnan. Detta är tillräckligt för att mätta tre miljarder människor. En slutsats är att maten finns men hanteras felaktigt. Matspill är en onödig kostnad för den enskilda familjen och detta motsvarar i genomsnitt 5 000 kronor om året.

Hos oss i industriländerna förekommer det största matspillet i livsmedelskedjans detalj och konsumentled. Här kan det till exempel vara mer lönsamt att kasta överflödiga äpplen i avfallscontainern än att sänka priset på dem, för det skulle minska försäljningen av äpplen till fullt pris[116].

110

Människan har förändrat livsmedel

Det kan vara svårt att känna igen grönsakernas ursprung eftersom de genom förädling har utvecklats till dagens grönsaker.

- *En växts evolution förändrades i regel, så fort människan rörde den*, säger Paul Gepts vid University of California, som forskar på bönors och andra grödors ursprung och evolution.

Kunskap om livsmedlens historia är viktig för att forskarna ska kunna ge oss ännu bättre mat på våra tallrikar i framtiden.

Några goda råd för minskat utsläpp av växthusgaser[117]:

- Halvera köttkonsumtionen, men dubblera antalet gröna proteiner och sluta slänga ätbar mat.
- Lukta och smaka för att avgöra om maten går att äta.
- Planera inköpen så att färskvarorna hinner ätas upp innan de blir dåliga.
- Använd kylskåpet rätt. Sätt mejerivaror och kött där det är som kallast, grönsaker där det är varmare och förvarar gärna även nötter och frön kallt.
- Låt tomma kalorier som godis, chips och läsk bli lyx, något du äter sällan. Tomma kalorier innehåller ingen näring och ger onödig klimatpåverkan.
- Visste du att ett paket skumtomtar ger lika hög klimatpåverkan som en portion kyckling och att chips ger 20 gånger så stor klimatpåverkan som potatis?
- Ät hälsosamt och minska svinnet. Då kan du få ned din klimatpåverkan med ungefär en fjärdedel.
- Ät mer frukt och grönt, och ät varierat. Det som är så bra

är att du genom att äta hälsosamt automatiskt gör miljön en stor tjänst.

Den totala förbrukningen av kött ökade med ett halvt kilo per person till en ny svensk rekordnivå under 2016, detta trots ett växande intresse för vegetarisk mat[118].

På julbordet år 2040

Vad äter vi på julen om 20 år? Klassikerna på julbordet julskinka, köttbullar och dopp i grytan kommer nog att finnas där.

Ungdomar födda på 00-talister tror att vi alla äter mer grönt på julborden. Maten vi äter är närodlad och producerad i Sverige, vilket kommer vara viktigt för nästa generations vuxna. Protein från andra matvaror kommer att konkurrera med skinkan och revbensspjällen. Julvörten kan vara bakad på insektsmjöl eller larvmjöl och skinkan framodlad i ett laboratorium[119].

Hur kommer vi att äta julmaten om cirka 25 år? Vi kommer nog att umgås med släkt och vänner under julhelgen och helst vill 00-talisterna också att datorer och mobiler ska vara förbjudna under måltiden.

Vid matbordet vill vi umgås med nära och kära. Vi äter helst framtidens julmat utan bestick, som vi redan nu gör med vår tids "*husmanskost*": sushi, hamburgare, tacos och pizza! Varför inte en silltacos, eller en Janssonskryddad hamburgare? Ett vet vi. Framtidens jul är inte främst röd – den är grön!

De goda exemplen

Inom skolbespisningen har man jobbat med frågorna kring resursutnyttjandet och minskning av matspillet. Här följer några goda exempel. Det finns säkert fler.

Väsby skola[120]

Elever uppmanades att slänga mindre mat och delta i kampen mot matsvinnet. Bäst gick det för Väsby skola som minskade svinnet med 45,5 procent, dvs - 45,5 procent, vilket i praktiken innebär att en av tjugo tallrikar som serverades hamnade i soporna, jämfört med en av tio som är den normala snittsiffran.

- *I matsalen uppmuntrades eleverna via kampanjens huvudperson "Sopmonstret" att stoppa maten i magen istället för i soporna. För att motivera eleverna berättade "Sopmonstret" om resultatet dag för dag genom att visa tummen upp eller tummen ned,* berättar Åsa Pegelow, marknadsansvarig på Fazer Food Services.

Överkalix

Matsvinnet minskade när skollunchen blev ett ämne[121]. I Överkalix' skolmatsalar har man minskat svinnet med nästan 70 procent på tre år.

En av de viktigaste förändringar som man har gjort är att man har schemalagt skollunchen som ett skolämne, berättar kommunens kostchef Jeanette Hademalm Berg.

Rudbeck gymnasium i Sollentuna

Rudbeck gymnasium i Sollentuna har minskat sitt matsvinn med 30 procent. Och det var tallriken som var lösningen.

Mindre tallrikar är recept på minskat matsvinn, i alla fall på Rudbeck gymnasium. En elev tycker att små tallrikar är ett bra sätt att minska svinnet.

- *Ja, för då blir det automatiskt att man måste ta lite mindre portioner, och om man är hungrig så tar man fler gånger,* säger han.
- Har det lett till att du slänger mindre mat?
- *Det är en av anledningarna tror jag. Sedan har jag med åren lärt mig att ta mindre mat. Men det hjälper med mindre tallrikar.*

Metoden har visat sig vara effektiv. Ett år senare har skolans dagliga matsvinn minskat med 30 procent.

Men fortfarande slängs 70 kilo mat om dagen på Rudbeck. Skolans servicechef Janne Kibal säger att man nu ska försöka få ner svinnet ytterligare.

Kiruna kommun

Gymnasieskolan i Kiruna kommun, har tagit bort brickorna i serveringen från och med januari 2009. Som en följd av detta har personalen noterat att åtgången på mat har minskat och att mängden matavfall från serveringen har minskat, enligt visuell observation i soprummet.

Värnamo kommun

Man har gjort en iakttagelse att det kan finnas en psykologisk faktor som gör att personal i tillagningskök är noggrannare med att mat inte ska kastas än personal i mottagningskök beroende på att personalen i tillagningsköket har lagt ned mer arbete på maten.

Salladsbuffé upplevs ge upphov till mycket svinn. För att minska mängden sallad som måste kastas är exempelvis personalen noga med att ställa fram lite sallad åt gången och istället fylla på ofta.

Säffle kommun

Kökspersonalen i Tegnérskolan i Säffle kommun alternerar mellan att arbeta i skolans tillagningskök och i mottagningsköket för mat till äldreomsorg. På det sättet skapas bättre förståelse hos personalen som tillagar maten för hur maten upplevs när den kommer till mottagningsköket.

Tyresö kommun

Tyresö kommun har i ett flertal år undersökt elevernas näringsintag i den kommunala skolverksamheten, inom allt från förskola till gymnasial nivå. Utifrån dessa undersökningar har man också kunnat utläsa hur mycket av den tillagade maten som slängs via t.ex. tallriksavskrap i skolmatsalen, överbliven mat i mottagningskök m.m.

Idag skapas ofta ett överskott i och med att det ofta beställs för mycket mat. Även ersättningsrätter ska dock vara näringsriktiga och av god kvalitet. Mätningar har gjorts sedan år 2002 och vid mätningen år 2008 kunde konstateras att mottagningsköken blivit bättre på att anpassa antalet beställda portioner till antalet ätande elever.

Mängden överbeställningar har minskat från ca 1 000 portioner per dag till ca 400 portioner per dag eller från 15 % till ca 6 % mellan år 2002 och 2008.

Malmö kommun

Både genom att personalen i mottagningsköken får bättre möjlighet att anpassa mängden mat som tillagas och genom att maten får bättre kvalitet vid kortare tid i varmhållning bedöms att mängden överbliven mat och mängden från tallriksavskrap minskar.

Information till personal inom skolköksverksamheten har också visat sig ge mindre mängder svinn. När informationsinsatser har genomförts i samband med mätningar har mängden svinn under perioden minskat.

Örnsköldsviks kommun

I Örnsköldsviks kommun upplever personalen att svinnet blir större när maten levereras mellan enheterna. Maten kan då inte tas tillvara på samma sätt, genom att t.ex. kyla ner delar av den producerade maten direkt vid tillagningstillfället. Det kan ibland vara svårt att beställa exakt antal portioner eftersom vissa avvikelser uppkommer i elevantal.

Kommunen informerar eleverna om hur mycket som slängs genom att bl.a. visa i matsalen hur mycket mat, i kg, som kasserats och vad det innebär i kostnader. Det har visat sig ge bra resultat att synliggöra mängden kastad mat för eleverna. Erfarenheterna visar dock att svinnet åter ökar en tid efter en informationskampanj vilket visar på vikten av att regelbundet upprepa denna typ av information till eleverna.

Carolas Eko AB

De köper enbart råvaror och ingen färdigmat eller halvfabrikat.

Inne i köken sorteras allt matavfall som går till kompostering alternativt rötning.

Personalen ser att mängden svinn minskar då tillagning sker direkt vid skolan.

I tillagningsköken hos Carolas Eko kyls maten ned direkt efter tillagning och värms sedan lagom till servering. Detta ger möjlighet för köken att värma lagom mängd mat beroende på åtgång. Den serverade maten upplevs också vara av högre kvalitet då uppvärmning sker i samband med servering. Deras erfarenhet visar att smak, konsistens och färg bibehålls bättre med denna hantering. Hantering av rester underlättas markant då överbliven mat redan är nedkyld och då lätt att sparas till en annan dag.

Willys gör gemensam sak med kunderna för att minska svinnet

Dagligvarukedjan Willys har som mål att halvera sitt matsvinn till 2025. Kampanjen kallas Svinnsmart.

Man har genom Sifo undersökt vilka produkter vi svenskar slänger mest av och därefter satt ihop en mängd recept som kan tillagas med produkterna[122].

Svenskarkarnas 10 mest slängda varor enligt Willys:

1. Mjukt bröd   46 %
2. Gurka   30 %
3. Banan   27 %
4. Clementin   24 %
5. Tomater   23 %

6.	Äpplen	23 %
7.	Mjölk	22 %
8.	Crème fraiche	21 %
9.	Morot	20 %
10.	Lök	18 %

Willys arbetar med något de kallar Restakuten. Detta är en tjänst på Instagram där användarna kan lägga upp en bild på sina rester och Willys svarar med ett recept eller tips på hur man kan ta vara på maten.

Tål jorden tio miljarder människor?

Jordens befolkning kommer att nå ett maximum runt år 2100, därefter kommer den sakta att minska[123].

Fler än tio miljarder människor blir vi inte, enligt experterna. Inte samtidigt.

- *Befolkningstillväxten tog egentligen fart år 1851,* säger Danny Dorling, *och den började i vår del av världen.*

Då hände följande:

- Den industriella revolutionen börjat slå igenom.
- Sjukvården hade förbättrats.
- Barnadödligheten kom att sjunka snabbt.
- Hygienen förbättrades i storstäderna med avloppssystem vilket fick bukt med kolera och andra pandemier.
- Efter andra världskriget kom vaccin och antibiotika.
- Medellivslängden ökade och likaså befolkningstillväxttakten (förstaderivatan på befolkningskurvan).

Klarar jorden av att föda en befolkning på tio miljarder? Kommer maten att räcka?

- *Jodå,* svarar den engelske demografen Danny Dorling. *Om den bara fördelas på ett bättre sätt än nu, och man kunde minska svinnet, skulle den räcka till tio miljarder redan i dag. Sammanlagt väger alla människor idag 287 miljoner ton, varav 15 miljoner ton, eller fem procent, beror på att vissa är överviktiga. Ytterligare 3,5 miljoner ton, eller en procent, beror på obesitet, extrem fetma. En tredjedel av dessa människor finns i Nordamerika. Om alla på jorden skulle sikta på att äta sig lika feta som nordamerikanerna skulle det redan nu gå åt lika mycket mat som krävs för att mätta tio miljarder munnar.*

Men visst finns det frågor som oroar i framtiden. Vi måste få världens sötvatten att räcka. Att se till att fiskbestånden i haven inte utfiskas. Och att förbereda inför en kommande klimatförändring med oroligare väder och höjda havsnivåer som kan drabba jordbruket negativt.

Så mättar vi 10 miljarder människor år 2050

Det finns några tydliga signaler. Vi ska

- Öka andelen växtbaserad mat.
- Öka användningen av insekter i vår mat.
- Halvera matsvinnet.
- Radikalt förbättrade jordbruksmetoder.

...och inget får medföra ett ökat växthusgasutsläpp.

Därmed ska vi uppnå en hållbar och hälsosam väg att föda 10 miljarder människor år 2050, enligt en ny studie från forskare vid bland annat Stockholm Resilience Centre[124].

Nuvarande konsumtion medför att livsmedlens miljöpåverkan ökar med 50-90 procent till år 2050. menar Dr Marco Springmann vid Oxford University. Ökad konsumtion, ökat matsvinn och ökad köttkonsumtion är orosmoln.

- *Redan idag har vi överskridit vissa av planetens gränser, och med denna ökning kommer vissa gränser passeras dubbelt upp*, säger Dr Marco Springmann i ett pressmeddelande.

- *När det gäller förbättrad jordbruksteknik så kommer det att kräva ökad investering i forskning och infrastruktur, bättre styrmedel och stöd till lantbrukare för att skapa incitament för att ta upp bästa tillgängliga metoder*, säger Line Gordon, chef för Stockholms Resilience Centre och en av studiens författare.

Line Gordon menar att Sveriges kostråd behöver förbättras.

- *Till exempel rekommenderar livsmedelsverket idag max 500 gram rött kött i veckan. Den flexitariska kosten vi analyserat innehåller endast totalt 300 gram kött i veckan*, säger hon.

- *Skola och offentlig sektor är viktiga, liksom att se över ekonomiska incitament, märkning av livsmedel, och anpassning av nationella kostråd till mer hållbara kostmönster*, tillägger Springmann.

I studien fann forskarna:

- Konsumtionsförändring mot mer växtbaserade kostmönster behövs för att klara av att nå klimatmålet uppsatt i Paris, och hålla oss inom planetens klimatgräns och vi minskar utsläppen av växthusgaser med mer än hälften.
- Vi minskar annan negativ miljöpåverkan, som utsläpp av kväve och fosfor, minskar användning av jordbruksmark och reducerar färskvattenbehovet med mellan 10-25%.
- Vi behöver bättre metoder för att producera mat (jordbruk, vattenbruk och fiske), dvs. produktion av mat som ej belastar trycket på jordbruksmark mer.

Vi måste minska matsvinnet inom hela livsmedelssystemet, en halvering av matsvinnet globalt kan minska miljöpåverkan med upp till 16%.

- *Studien visar tydligt på att ingen lösning ensam är tillräcklig för att undvika att passera planetens gränser. Men om lösningarna implementeras tillsammans kan vi producera tillräckligt med mat för att föda en växande befolkning på ett hållbart och hälsosamt sätt*, säger Dr Marco Springmann.

Vad och hur ska vi äta?

Det finns många kostråd och dieter i medierna. Men det gäller inte bara vad vi ska äta utan även hur?[125]

Enligt Världshälsoorganisationen, WHO, kan mycket förebyggas med bättre matvanor, rökstopp och tillräckligt med fysisk aktivitet. Enligt beräkningar finns det följande samband mellan

121

mat, matvanor och sjukdomar:

- 80 procent av hjärt- och kärlsjukdomarna,
- 90 procent av all typ 2-diabetes och
- 30 procent av alla cancersjukdomar

De flesta svenskar bör äta mer grönsaker och frukt, mindre fett och mer fullkornsprodukter för att bli friskare. Men det finns olika uppfattningar även om detta. Inom nutrition, den forskningsgren som handlar om hur maten påverkar kroppen och hälsan, anses att mediedebatten om kost och hälsa är full av förenklingar.

Den klassiska tallriksmodellen och livsmedelsverkets kostråd är ett bra riktmärke för de flesta människor, även om de är oerhört generella.

På sikt kan forskningen leda till större möjligheter individuella kostråd som är anpassade till individen.

Alicja Wolk, nutritionsepidemiolog vid Karolinska Institutet, har specialiserat sig på samband mellan kostvanor och cancer.

- *Det är faktiskt inte så svårt att veta vilka livsmedel man ska välja för att minska risken för cancer, det finns tydliga rekommendationer som forskarna är överens om och som många människor känner till. Det svåraste är att ändra sina preferenser och vanor som grundläggs tidigt i livet*, säger hon.

Men hon anser att man som konsument inte ska fokusera för mycket på enskilda ämnen i kosten. Det är viktigare att tänka på helheten.

Vi analyserar den kost som finns på marknaden och ser tydliga skyddande effekter av att äta mycket mat från växtriket, medan vi exempelvis ser att mycket rött kött ökar risken för tjocktarmscancer. I framtiden kanske vi kan minska de negativa komponenterna så att den skyddande effekten blir ännu större. Det är inte så noga vad man äter en enskild dag, men på lång sikt kan man förbättra sin hälsa genom att följa ganska enkla tumregler.

I World Cancer Research Fund, en global organisation som sammanställer forskning kring hur matvanor påverkar cancerrisken. Deras *"Diet and cancer report"* från 2007 ligger till grund för myndigheters rekommendationer världen över, inklusive det svenska livsmedelsverkets. Den som vill undvika cancer ska enligt panelen leva på följande sätt:

- För det första se till att hålla sig smal och vara fysiskt aktiv.
- Begränsa intaget av energitäta livsmedel och läsk.
- Äta mycket frukt, grönsaker och fullkornsprodukter.
- Begränsa mängden rött kött.

Det är i stort sett samma råd som gäller för den som vill undvika hjärt-kärlsjukdom och diabetes.

Det enda som inte stämmer mellan kardiovaskulär sjukdom och cancer är alkoholen. Måttliga mängder alkohol skyddar mot hjärt-kärlsjukdom, men ger faktiskt en ökad risk för bröstcancer, säger Alicja Wolk.

Att fetma ökar risken för diabetes och hjärt-kärlsjukdom har länge varit välkänt, men att fetma också ökar risken för de flesta cancerformer har forskarna förstått på senare år.

Vad är svensk mat? Känner du igen dig?

Vi svenskar har gott om mat och mat av god kvalitet men vad är typiskt svenskt när det gäller våra matvanor? Här är några förslag[126]:

1. Sill
2. Raggmunk
3. Kalops
4. Kåldolmar
5. Wallenbergare
6. Köttbullar med potatismos och gräddsås
7. Smörgåstårtan
8. Palt och kroppkakor
9. Bruna bönor med fläsk
10. Toast Skagen
11. Gravad lax
12. Ärtsoppa
13. Falukorv
14. Surströmming
15. Pyttipanna
16. Kanelbulle
17. Mazarine
18. Dammsugare
19. Prinsesstårta
20. Chokladbollar
21. Kladdkaka
22. Pepparkakor

23. Semlor
24. Lussebullar
25. Chokladbiskvier
26. Blodpudding
27. Räksmörgås
28. Isterband
29. Gubbröra
30. Janssons Frestelse
31. Våfflor
32. Pannkakor
33. Sjömansbiff
34. Renskav
35. Lax och potatis
36. Pannbiff

Typiska svenska spritdrycker
1. Snaps
2. Cider
3. Glögg
4. Äppelmust
5. Lingondricka

Vad äter svenskar till frukost?
Var och en har sina egna favoriter. Här är några förslag:
1. Pålägg
2. Filmjölk
3. Yoghurt och flingor
4. Bröd och frallor
5. Leverpastej

6. Smörgåsgurka
7. Kokta ägg
8. Kaviar
9. Ost

Knäckebröd kan tyckas konstigt. Vi har ätit knäckebröd sedan 500-talet.

Svensk julmat

Ingen högtid är väl så förknippat med traditioner som när det gäller matvanor. Det kan skilja sig från familj till familj och mellan de olika landskapen.

Några av maträtterna som finns på de flesta svenska julbord är följande

1. Gravad lax
2. Prinskorv
3. Köttbullar
4. Olika typer av sill
5. Julskinka
6. Röd- och brunkål
7. Ägghalvor
8. Janssons frestelse
9. Rödbetssallad
10. Revben
11. Risgrynsgröt

Kräftskiva har vi I augusti månad. Man äter mycket kräftor och så klart dricker man även snaps till det.

På **midsommar** äter man ofta sill, lax, nypotatis, västerbotten-paj och stora mängder jordgubbar.

Vad vet vi?

Vi vet att:

- Den globala efterfrågan på kött kommer att fördubblas de närmaste 40 åren.
- NASA håller på att forska inom det nya fältet syntetisk biologi för att tillverka mat i rymden.
- Olika metoder att få mat att hålla sig längre (t.ex. smörgåsar som håller sig färska i två veckor).
- Insektsfarmar (t.ex. gräshoppor innehåller 20 mg järn för varje 100 gram och fyra syrsor innehåller mer kalcium än ett glas mjölk.)
- Det går att odla grönsaker utan jord. Windowfarming.
- Forskare kan *"odla"* djurceller i labbmiljö som liknar riktigt kött.
- Odla fram förbättrade kikärtor (mycket näringsrika och innehåller till exempel mer fiber än råris, och mer protein än majs).
- Utvecklar allergifria ägg i Australien.
- En metod som minimierar förekomsten av bakterier som listeria och E coli i maten.

Framtidens mat – för en hållbarare livsstil

- **Mindre kött – mer alger**
Vi måste minska köttkonsumtionen, inte minst i väst

världen. Kanske är något av det här ett bra alternativ?[127]

- **Äta insekter**
  Enligt FN:s livsmedelsorganisation FAO:
    o Kackerlackor,
    o syrsor,
    o maskar,
    o silkesmasklarver,
    o gräshoppor
    o larver

  Alla har ett högt näringsvärde med mycket protein. Insekter kräver lite vatten, kostar inte lika mycket att föda upp som nötboskap och är bättre för miljön. I 80 procent av världens länder äts det faktiskt insekter.

- **Odlat kött**
  Odlat kött ska komplettera *"vanligt"* kött som är en stor miljöbov. Kan kanske vara ett alternativ för veganer.

- **Alger**
  Vi äter sushi och det gå bra. Japan är ett föregångsland och där äter man även algerna wakame och kombu. I Sverige pågår en del spännande forskning kring brunalger som kanske kan förbättra mat för både människor och djur.

- **Ät pellets**
  Djur får kraftfoder fullspäckade med energi och närings

ämnen, som en komprimerad näringskälla. Det finns idag liknande för astronauter och för extremsportare eller äventyrare.

Bilaga

Recept

Risotto på mjölmask och syrsor[128]

Mängd: 4 personer

Ingredienser:

- 2 deciliter (dl) ris
- 2.5 deciliter (dl) vatten
- 3 st salladslök
- 1 st röd paprika
- 1 klyfta vitlök
- 1.5 deciliter (dl) mjölbaggelarver (Tenebrio molitor)
- 1.5 deciliter (dl) fältsyrsor (Gryllus campestris)
- 1 st hönsbuljongtärning
- 1 nypa paprikapulver
- 1 nypa chiliblandning
- 1 nypa salt
- 2 matsked (msk) olivolja

Gör så här:

- Kontrollera att insekterna lever. Insekter ska behandlas lika omsorgsfullt som kräftor och musslor.
- Hetta upp lite olivolja i en kastrull och lägg i riset. Vänd riset så att det blir blankt, men inte bränns. Häll i vattnet och buljongtärningen.
- Koka på svag värme ca 14 minuter till riset är mjukt.
- Skär salladslöken i små skivor och paprikan i tärningar.

- Pressa vitlöken.
- Hetta upp olja i en kastrull och fritera syrsorna. När oljan är het, går det mycket snabbt, ca ½ minut.
- Ta upp dem, låt dem rinna av på hushållspapper och salta.
- Hetta upp olja i en stekpanna, lägg i paprikapulver och chili.
- Stek larverna på svag värme, annars spricker de.
- Lägg i vitlök, paprika och salladslök. Stek några minuter.
- Lägg i det färdiga riset och blanda. Lägg till sist i de friterade syrsorna och salta efter smak.

Snapsen som kittlar dödsskönt i kistan

Brännvin smaksatt med myror? Kan det vara något det? Jo, faktiskt, det blir mycket gott. Myrsyran dämpar spritsmaken och i bakgrunden anas toner av lakrits eller salmiak. Dessutom är det lite tufft att svepa i sig en insektsnubbe. Henrik Arvidsson, tandläkare i Uppsala, brukar då och då förfärdiga lite myrsprit med följande ingredienser[129]:

- 1 flaska renat brännvin
- 75 stackmyror
- 1 msk honung

Gör så här:

- Gå ut i skogen med en tombutelj och leta upp en myrstack. Samla in myrorna.
- Slicka på ett grässtrå eller en liten pinne och lägg den på stacken. Myrorna dras till pinnen/strået.

- Skaka sedan av myrorna ner i flaskan.
- Vänta ett dygn. Myrorna kan silas bort, men nubben väcker mer uppmärksamhet om de får ligga kvar på flaskbottnen.

Receptet är från boken Det glömda köket (Albert Bonniers förlag) av Jens Linder och återgivet i Dagens Nyheter[130].

Kirskålspesto

- 150 gram späda kirskålsblad
- 200 gram rostade solrosfrön
- 50 gram valnötter
- två dl olivolja
- en vitlöksklyfta
- lite pressad citron
- salt och peppar

Gör så här:

- Skölj kirskålen ordentligt.
- Mixa sedan kirskål, solrosfrön, valnötter, olivolja, vitlök och citron.
- Ha i mer olivolja om det behövs och smaka av med salt och peppar.

Gransirap

Ekologiska ingredienser

- 4 dl ljusgröna
- Mjuka granskott,
- 2 dl socker

- 1 citron.

Gör så här:

- Skiva citronen
- Varva med granskott och socker
- Häll i en burk med tättslutande lock. Inget vatten behövs.
- Låt stå i två veckor, vänd på burken, då och då tills sockret löst sig.
- Sila av granskotten och citronen och njut av den färdiga gransirapen på glass, i te, eller som hostmedicin.

Referenser

[1] https://www.nyteknik.se/samhalle/fn-prognos-9-7-miljarder-i-varlden-2050-6962384

[2] https://feber.se/samhalle/ar-2050-lar-tva-tredjedelar-av-alla-manniskor-bo-i-stader/363519/

[3] http://fetma.se/fetmaivarldenochisverige/

[4] https://www.sydsvenskan.se/20090108/svarmatbristhotarhalvajorden

[5] https://www.ja.se/artikel/53006/visa

[6] https://www.lrf.se/politikochpaverkan/foretagarvillkor-och-konkurrenskraft/nationell-livsmedelsstrategi/sjalvforsorjning/

[7] Jordbruksverket, SCB.

[8] https://www.sydsvenskan.se/2018-07-06/tufft-for-sverige-att-klara-maten-i-en-kris

[9] https://www.ica.se/buffe/artikel/framtidens-mat/

[10] https://www.nyteknik.se/innovation/ny-metod-for-att-producera-naring-utan-jordbruk-6862367

[11] http://www.nyttigt.eu/mattrender-2015/

[12] https://www.arla.se/om-arla/vart-ansvar/mjolk-miljo/

[13] https://www.ekolantbruk.se/pdf/14843.pdf

[14] https://www.aftonbladet.se/nyheter/a/P3g5EX/kossans-utslapp-lika-med-bilens

[15] https://www.aktuellhallbarhet.se/sa-mycket-utslapp-ger-en-rapande-ko/

[16] https://www.naturskyddsforeningen.se/skola/energifallet/faktablad-konsumtionsbaserade-klimatutslapp

[17] SCB

[18] https://www.naturskyddsforeningen.se/konsumtionsutslapp?noredirect=true

[19] https://www.stockholm.se/ByggBo/Leva-Miljovanligt/Det-smarta-koket/Livsmedels-klimatpaverkan/

[20] https://www.livsmedelsverket.se/matvanor-halsa--miljo/miljo/miljosmarta-matval2

[21] https://www.nyteknik.se/miljo/forskare-klimatforandringar-ger-kraftig-okning-av-turbulens-vid-flygning-6875692

[22] https://www.sp.se/sv/units/risebiovet/fb/sustainable/climate/Sidor/default.aspx

[23] https://kurera.se/vegetariskt-ar-det-mest-klimatsmarta-valet/

[24] http://www.extrakt.se/livsmedel/om-vi-fixar-maten-sa-fixar-vi-ocksa-planeten/

[25] https://www.svt.se/nyheter/lokalt/vast/chalmersforskarnasradbliveganochraddaklimatet

[26] http://www2.jordbruksverket.se/webdav/files/SJV/trycksaker/Pdf_rapporter/ra12_35.pdf

[27] http://webbutiken.jordbruksverket.se/sv/artiklar/ovr296.html

[28] https://www.extrakt.se/baljvaxter-fixar-bade-bilen-och-biffen/

[29] https://agfo.se/2019/06/tema-fossilfri-matproduktion/

[30] https://www.mabra.com/har-ar-svenskarnas-nya-matvanor-kanner-du-igen-dig/

[31] http://natgeo.se/vetenskap/livsmedel/ris-nya-sorter-blir-framtidens-foda

[32] http://matologi.nu/kan-svenska-kulturspannmal-bidra-till-ett-mer-hallbart-jordbruk/

[33] https://www.extrakt.se/flerariga-grodor-framtidens-mat/

[34] http://fetma.se/saharfetmanforandratsivarlden/

[35] https://www.svt.se/nyheter/inrikes/kottatarehallerdinaargument

[36] http://www.vetenskaphalsa.se/vi-ater-25-procent-mer-kott-an-rekommenderat/

[37] http://www.naturvardsverket.se/Sa-mar-miljon/Statistik-A-O/Klimat-konsumtion-av-kottprodukter-per-person/

[38] http://markgard.com/darforokarsvenskarnaskonsumtionsakraftigt/

[39] http://hdl.handle.net/2077/54686

[40] https://www.naturskyddsforeningen.se/vadvigor/jordbruk/eko?gclid=EAIaIQobChMI9umxov01gIVSowZCh2B3A9mEAAYA-SAAEgLqePD_BwE

[41] https://www.svd.se/kemikalier-hittade-i-nio-av-tio-frukter

[42] https://www.extrakt.se/forskning-visar-halsofordelar-med-ekologisk-mat/

[43] https://www.livsmedelsverket.se/matvanor-halsa--miljo/miljo/miljosmarta-matval2/kott?AspxAutoDetectCookieSupport=1

[44] https://www.naturskyddsforeningen.se/skola/recept-miljon

[45] https://www.svt.se/nyheter/vetenskap/forskare-vasterlandsk-diet-en-tickande-jattebomb

[46] http://kurera.se/maskarochinsekterframtidensmatspashaslagitigenominomtvaar/

[47] http://weekend.di.se/reportage/hararframtidensmat1

[48] https://www.svt.se/nyheter/lokalt/ost/ar-insekter-framtidensmat

[49] https://svenska.yle.fi/artikel/2013/05/15/atligainsekter

[50] http://www.skovdenyheter.se/article/fluglarverframtidensmat/

[51]http://www.nyteknik.se/innovation/svenskasatsningenfarspamaskarochsyrsor6544284

[52] http://www.dt.se/opinion/debatt/atasyrsordarforblirpannkakorochpepparkakorgodaremedinsekter

[53] https://insektsbiten.wordpress.com/2014/07/24/varforatainsekter/

[54]http://www.floridasites.net/enlistamedatbarainsekter/

[55] http://www.aftonbladet.se/halsa/article10441808.ab

[56] http://bibelfokus.se/koka_grodor

[57] http://www.nyttigt.eu/framtidensmat/

[58] http://digital.di.se/artikel/miljoforvaltningenstopparhennesinsektsstartup#

[59] http://www.pressen.se/2493855.html

[60] http://www.dt.se/opinion/debatt/atasyrsordarforblirpannkakorochpepparkakorgodaremedinsekter

[61] Ellen Gellerfelt, Josefin Strömberg och Gunnar Isacsson

[62] http://www.kostdoktorn.se/atamyror

[63] http://www.nyttigt.eu/mattrender2015/

[64] http://www.aftonbladet.se/wellness/article16826647.ab

[65] http://weekend.di.se/reportage/hararframtidensmat1

[66] http://kurera.se/maskarochinsekterframtidensmatspashaslagitige-nominomtvaar/

[67] http://www.skovdenyheter.se/article/fluglarverframtidensmat/

[68] http://www.dt.se/opinion/debatt/atasyrsordarforblirpannkako-rochpepparkakorgodaremedinsekter

[69] http://www.floridasites.net/enlistamedatbarainsekter/

[70] http://www.kackerlacka.com/

[71] http://www.fokus.se/2010/09/urdjurtillvarundsattning/

[72] http://kurera.se/12uppfinningarsomskaraddavarlden/

[73] https://www.svt.se/nyheter/utrikes/insekter-ar-framtidens-pro-teinkalla

[74] http://www.nyteknik.se/innovation/snartkanduatablommigkorv-pariktigt6544114

[75] http://www.plantagen.se/ringblommapinksurprise200020102se

[76] https://vardagsekonomi.wordpress.com/2012/11/26/atligavaxte-rinaturen/

[77] http://kurera.se/rentmjolipasenhararguidentillolikasortersmjol/

[78] https://metromode.se/halsa/atbart-ogras-och-vilda-vaxter-8-grona-tips-att-plocka-till-middagen/

[79] http://okuvlig.com/anvandbaravaxteriskogochmark/

[80] https://sv.wikipedia.org/wiki/Quorn

[81] http://www.quorn.se/om/

[82] https://www.svt.se/nyheter/lokalt/orebro/har-odlas-en-skog-av-mat

[83] http://i-edu.se/2015/02/01/framtidens-mat-star-pa-tillvaxt-un-der-ytan/

[84] *Projekt Seafarm, KTH, Mia Bisther, Björn Bisther och Fredrik Grön-dahl.*

[85] http://www.va.se/nyheter/2014/06/12/honharhittatframtiden-solja/

[86] https://illvet.se/teknik/livsmedel/akvaponi-fiskbajs-ger-frasch-sal-lad

[87] https://www.extrakt.se/flugan-som-gor-skiten-till-mat/

88 https://www.nyteknik.se/innovation/de-gor-mat-av-fagelfjadrar-6873663
89 https://www.naturskyddsforeningen.se/vilda-vaxter
90 https://agfo.se/2019/01/mjolkutmanarna-radar-upp-sig/
91 https://matlust.eu/wp-content/uploads/2019/02/MatLust-rap-port-mjolk-final-webb.pdf
92 http://fof.se/tidning/2013/7/artikel/framtidensmatfinnsihavet
93 http://www.dn.se/nyheter/sverige/framtidensmatstarpatill-vaxtunderytan/
94 http://miljonytta.se/framtid/framtidensfiskodlingar/
95http://www.forummag.fi/mjolmaskochmyrorarmat/

96 http://www.pressen.se/2493855.htm
97 http://www.dt.se/opinion/debatt/atasyrsordarforblirpannkako-rochpepparkakorgodaremedinsekter
98 https://bioteria.com/blogg/bioteknik/solljus-och-koldioxid-blir-mat-oljor-och-biomaterial-med-mikroorganismer-som-mellanhand/
99 https://fof.se/tidning/2015/7/artikel/maten-fran-havet-ska-odlas-pa-land
100 http://illvet.se/teknologi/livsmedel/3matvarordukom-merataiframtiden?SNSubscribed=true&utm_cam-paign=20171214&utm_content=1&utm_me-dium=email&utm_source=ILL&email=!!hashedEmail!!
101 https://agfo.se/2018/07/tema-odlat-kott/
102 https://www.extrakt.se/odlat-kott-vacker-nya-etiska-fragor/
103 http://natgeo.se/vetenskap/livsmedel/matspillsamycketkastarvi
104 http://www.scb.se/sv_/Hittastatistik/Artiklar/Halvmiljontonmat-kastasionodan/
105 http://hsn.hush.se/attachments/82/3067.pdf
106 http://natgeo.se/vetenskap/livsmedel/matspill-sa-mycket-kas-tar-vi
107 http://natgeo.se/vetenskap/livsmedel/matspill-sa-mycket-kas-tar-vi
108 https://www.hd.se/2017-10-10/matsvinn-ger-daligt-samvete
109 https://www.recyclingnet.se/article/view/580097/sa_kan_mats-vinn_minskas?ref=newsletter

[110] https://www.forskning.se/2017/12/19/bananenenavmatsvin-netsvarstingar/

[111] https://www.kau.se/nyheter/bananen-ar-en-av-matsvinnets-varstingar

[112] https://www.food-supply.se/article/view/661678/de_orsa-kar_mest_svinn_lonsamt_oka_personalen

[113] https://www.scb.se/sv_/Hittastatistik/Artiklar/Halvmiljonton-matkastasionodan/

[114] https://sv.wikipedia.org/wiki/Friganism

[115] https://www.kfstockholm.se/ifokus/miljo/minskamatsvin-net/svenskafolketommatsvinn2010vs2015/

[116] http://natgeo.se/vetenskap/livsmedel/matspill13miljarder-tonlivsmedelgartillspillovarjear

[117] Källa: National Geografic

[118] http://www.extrakt.se/notis/rekordhogkottforbrukning/

[119] ICA: Maten och framtiden

[120] http://news.cision.com/se/fazer-group/r/skolan-halverade-sitt-matsvinn,c9473916

[121] https://login.ntm.eu/pren/default.aspx?sn=NSD&me-ter=false&action=completerequest&re-direct=https%3a%2f%2fwww.nsd.se%2fnyheter%2fskolmat-pa-schemat-minskade-svinn-nm4964271.aspx&call-back=https%3a%2f%2fwww.nsd.se%2finc%2feprencallback.aspx

[122] https://www.resume.se/nyheter/artiklar/2019/02/27/willys-gor-gemensam-sak-med-kunderna-for-att-minska-svinnet/

[123] https://www.nyteknik.se/popularteknik/tal-jorden-tio-miljarder-manniskor-6345120

[124] https://www.extrakt.se/sa-mattar-vi-10-miljarder-manniskor-2050/

[125] https://ki.se/forskning/ata-ratt-bade-svart-och-latt

[126] https://www.swedishnomad.com/sv/svensk-mat/

[127] https://www.vardagspuls.se/mat--recept/artiklar/framtidens-mat---hela-listan/

[128] https://svenska.yle.fi/recept/2014/10/08/risotto-pa-mjolmask-och-syrsor

[129] http://lasseland.se/midsommarsnaps/

[130] http://www.dn.se/nyheter/varlden/insekternaharlandat/